Susanna Longo ♦ Régine Boutégège

# UN BILLET
# POUR LE COMMISSAIRE

**ADVANCED BEGINNING THROUGH INTERMEDIATE**

Glencoe

New York, New York    Columbus, Ohio    Chicago, Illinois    Peoria, Illinois    Woodland Hills, California

The McGraw·Hill Companies

Formerly published by National Textbook Company.
a division of NTC / Contemporary Publishing Group. Inc.

Send all Inquiries to:
Glencoe/McGraw-Hill
8787 Orion Place
Columbus, OH 43240

ISBN :   0-8442-1104-4
Printed in the United States of America
 6 7 8 9 10 11 12 13 14  069   08 07 06 05 04

# Sommaire

**Chapitre 1**    Des signes mystérieux                5
ACTIVITÉS                                              10

**Chapitre 2**    Tout ce mal pour rien!               18
ACTIVITÉS                                              22

**Chapitre 3**    Un crime étrange                     30
ACTIVITÉS                                              33

**Chapitre 4**    Suspect n° 1                         40
ACTIVITÉS                                              43

**Chapitre 5**    Le mystère s'épaissit                50
ACTIVITÉS                                              55

**Chapitre 6**    Le fleuriste                         63
ACTIVITÉS                                              67

**Chapitre 7**    Un trafic louche                     74
ACTIVITÉS                                              78

**Chapitre 8**    Pris au piège                        86
ACTIVITÉS                                              90

**Chapitre 9**    Tout est clair                       96
ACTIVITÉS                                              101

**Solutions des jeux «détente»**                       108

*Ce symbole indique le début des exercices d'écoute.*

# Chapitre 1

## Des signes mystérieux

*B*ONJOUR, Monsieur Louis. Le Figaro, s'il vous plaît... et donnez-moi aussi l'Express et le Point.

– Voilà, Monsieur le commissaire. Alors, vous avez le temps de lire, hein, maintenant. C'est beau, la retraite [1]!

– Oui, j'en profite. Je vous dois combien?»

Le commissaire Grasset n'a pas envie de bavarder [2] ce matin, il fait beaucoup trop froid.

«20 et 20, 40, et 4 francs pour le Figaro... Ça fait 44 francs, Monsieur le commissaire. Ah, ça doit quand même vous manquer, le bureau, les collègues, les meurtres! Tout arrêter,

---

1. **la retraite** : moment où on cesse de travailler quand on a un certain âge.
2. **bavarder** : parler, discuter.

comme ça!»

Le commissaire farfouille [1] dans son portefeuille :

«Je suis désolé... je n'ai qu'un billet de 500 francs.

– Ça ne fait rien! Je vais vous le changer... Et puis, dites, vous n'allez pas me refiler un faux, j'espère!»

Le marchand de journaux :

«Voilà, 100, 200, 300 et 200 qui font 500. Ils sont vrais, Monsieur le commissaire, vous pouvez être tranquille! Ah! Ah!... Bonne journée!

– Merci, au revoir, Monsieur Louis.»

Le commissaire Grasset est pressé de rentrer chez lui, de mettre ses pantoufles [2], de se laisser tomber sur le divan, et de lire. Subitement, il s'arrête net : «Zut, j'allais oublier!». Vite, il traverse la rue et entre chez le fleuriste.

«Bonjour, Monsieur le commissaire... Qu'est-ce qui vous amène ici? Il n'y a pas d'assassins, ici, hein... et puis, dites, vous avez fini de leur courir après!

– Bonjour... Heu... je voudrais un bouquet, une douzaine de roses. Vous les ferez livrer chez moi, vers midi... C'est notre anniversaire de mariage...

– Ah, elle en a de la chance, votre femme! Regardez ces belles roses rouges. Ça va la rendre amoureuse comme au premier jour!

---

1. **farfouille** : (fam.) il fouille, il cherche.
2. **une pantoufle** : chaussure d'intérieur, chausson.

– Oui, elles sont magnifiques. Alors, vers midi... Je vous dois combien?

– 170 francs, avec la livraison [1].»

Le commissaire ouvre son portefeuille [2], sort le billet de 200 francs, le tend au fleuriste, quand il remarque quelque chose d'étrange, comme des signes sur le billet. «Attendez... tenez, j'ai le compte... Voilà, 170 francs.

– Au revoir, Monsieur le commissaire.»

Une fois dans la rue, le commissaire Grasset considère avec attention le billet. Ces signes, on dirait des chiffres. Une poussière noire reste collée à ses doigts. Il s'essuie à son mouchoir et hausse les épaules en souriant : «Décidément, je vois du mystère partout! C'est une déformation professionnelle!...»

Un peu plus tard, il est tranquillement assis dans son fauteuil quand sa femme l'interpelle :

«Dis donc, chéri, tu as consolé une jolie blonde, ce matin?» Sarcastique, elle tient à la main un mouchoir.

«Comment? Qu'est-ce que tu racontes? Et qu'est-ce que tu fais avec mon mouchoir?

– Ton mouchoir, je vais le laver. Mais j'aurai du mal à enlever ces taches de rimmel... et je me demande comment elles sont arrivées là!

– Du rimmel, tu en es sûre? C'est bizarre!»

Le commissaire Grasset se lève d'un bond, va prendre sa veste dans le placard [3], retire du portefeuille le billet de 200 francs. Il

---

1. **la livraison** : remise d'un objet à domicile.
2. **le portefeuille** : étui en cuir où l'on met des billets.
3. **le placard** : armoire fixe encastrée dans un mur.

regarde de plus près les chiffres écrits au rimmel. Il va vers le téléphone et forme le numéro du commissariat :

«Allô, Vignot? Ici Grasset. Écoute, je sais que je suis à la retraite, mais j'ai besoin d'un renseignement. Cherche un peu s'il y a un abonné au numéro... attends... j'ai du mal à lire... 14.56.87.99. Non, ne pose pas de questions! Je t'expliquerai plus tard. Rappelle-moi dès que tu sais quelque chose.»

Le commissaire Grasset raccroche [1], le mystérieux billet de 200 francs à la main, devant sa femme interloquée[2]...

---

1. **raccroche** : repose le téléphone pour interrompre la communication.
2. **interloquée** : surprise, perplexe.

# À vos baladeurs *

**Écoutez bien, et corrigez si c'est nécessaire :**

 Le commissaire Grasset est pressé d'entrer chez lui, de mettre ses pantoufles, de se laisser tomber sur le fauteuil, et de lire. Subitement, il s'est arrêté net : «Zut, j'allais oublier!» Vite, il traverse la route et entre chez le fleuriste.

«Bonjour, Monsieur le commissaire... Qu'est-ce qui vous arrive? Il n'y a pas d'assassins, ici, hein... et puis, dites, vous avez fini de les poursuivre!

– Bonjour... Heu... je voudrais un bouquet, une dizaine de roses. Vous les ferez livrer chez moi, vers minuit... C'est notre anniversaire de mariage...

– Ah, elle en a de la chance, votre mère! Regardez ces belles roses rouges. Ça va la rendre amoureuse comme au premier jour!»

# Entre les lignes

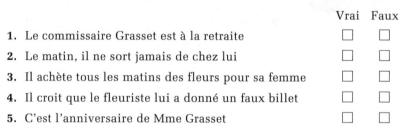

## Vrai ou faux?

**1** Cochez la bonne case :

|  | Vrai | Faux |
|---|---|---|
| 1. Le commissaire Grasset est à la retraite | ☐ | ☐ |
| 2. Le matin, il ne sort jamais de chez lui | ☐ | ☐ |
| 3. Il achète tous les matins des fleurs pour sa femme | ☐ | ☐ |
| 4. Il croit que le fleuriste lui a donné un faux billet | ☐ | ☐ |
| 5. C'est l'anniversaire de Mme Grasset | ☐ | ☐ |

* **un baladeur** : un walkman.

6. Le fleuriste devra livrer les roses à Mme Grasset ☐ ☐

7. Mme Grasset trouve des traces de rimmel sur le
   mouchoir de son mari ☐ ☐

8. Une jolie blonde s'est essuyé les yeux avec ce mouchoir ☐ ☐

9. Sur le billet de 200 francs, il y a un numéro de
   téléphone écrit au rimmel ☐ ☐

10. Grasset veut savoir à quel abonné correspond ce
    numéro ☐ ☐

## Le stylo capricieux

**2** Julien a écrit le résumé du premier chapitre. Mais son
stylo fait des caprices, il n'a plus beaucoup d'encre. À
vous de compléter ce résumé.

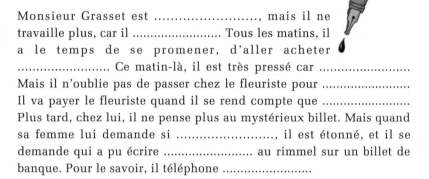

Monsieur Grasset est ........................, mais il ne
travaille plus, car il ........................ Tous les matins, il
a le temps de se promener, d'aller acheter
........................ Ce matin-là, il est très pressé car ........................
Mais il n'oublie pas de passer chez le fleuriste pour ........................
Il va payer le fleuriste quand il se rend compte que ........................
Plus tard, chez lui, il ne pense plus au mystérieux billet. Mais quand
sa femme lui demande si ........................, il est étonné, et il se
demande qui a pu écrire ........................ au rimmel sur un billet de
banque. Pour le savoir, il téléphone ........................

## S.O.S. grammaire

### C'est / Il est

> *C'est une déformation professionnelle.*
> *C'est bizarre.*

**C'est / il est + adjectif**

> 1. *Faites cet exercice, **il est** facile.*
> 2. *Je ne fume pas, **c'est** mauvais pour la santé!*

◆ Dans la phrase n° 1, le sujet du verbe est le pronom personnel masculin «il», qui reprend **le substantif** «exercice»

◆ Dans la phrase n° 2, le sujet du verbe est le pronom démonstratif neutre «ce», qui reprend **le verbe** «fumer»

> 3. ***Il est** interdit de fumer*

◆ Il s'agit d'une phrase impersonnelle. La structure à respecter est la suivante : **il est + adjectif + de + verbe à l'infinitif**

**C'est / il est + substantif**

◆ Quand le verbe «être» est suivi d'un substantif précédé d'un **déterminatif**, on emploie le présentatif «C'est» :

> *C'est ma sœur; C'est un journaliste; C'est le livre.*

◆ Quand le substantif est seul, **sans déterminatif**, on emploie le pronom personnel sujet «il» ou «elle» :

> *Elle est journaliste; Il est ingénieur.*

## À vous de jouer!

**1** Julien avait un exercice à faire : compléter les phrases avec «c'est» ou «il/elle est». Il a fait 6 fautes! Trouvez-les et corrigez-les!

1. J'aime bien cette fille, c'est très sympa, elle rit toujours, et en plus c'est une grande sportive.

2. Je ne veux pas que tu sortes le soir, il est dangereux!

3. Éteins ta cigarette, tu sais bien qu' il est interdit de fumer dans les bureaux!

4. Elle est toujours la même histoire : tu manges, et puis tu dis que tu veux maigrir!

5. Ta petite amie est très gentille, mais fais attention, ce n'est pas fille à se laisser tromper.

6. Tu as oublié les billets de théâtre à la maison, il est trop bête!

7. Vous ne devez pas rouler sans votre ceinture de sécurité : c'est interdit, et puis il est dangereux!

8. C'est ma meilleure amie qui m'a annoncé la nouvelle.


**2** Voici un dialogue : des publicitaires recherchent un slogan pour une nouvelle lessive. Remplacez les pointillés par «c'est» ou«il/elle est» selon le cas.

«BIANCO lave plus blanc! ................ trop banal!

– Pourquoi? ................ l'argument qui frappe le plus les femmes! Et puis, pour une lessive, ................ est difficile de dire autre chose!

– Quoi? Mais tu peux dire que ................ un produit écologique. Aujourd'hui, ................ important de protéger la nature!

– Oui, mais ça aussi, ................ banal! Toutes les lessives sont écologiques!

– J'ai une idée! ................ l'idée la meilleure, j'en suis sûr! Dites que BIANCO protège les mains délicates des femmes, qu'il les rend plus belles! ................ génial, non?

– ................ plutôt idiot! ................ impossible de faire croire qu'un produit pour machine à laver protège les mains!

– Décidément, ................ trop difficile! Je renonce.

– Tu as raison, ................ de plus en plus dur de trouver un slogan original!»

**3** Vous devez écrire un règlement à appliquer dans votre chambre, dans votre classe, ou dans un lieu de votre choix. Il faut énoncer au moins dix règles, en utilisant les deux structures ci-dessous :

◆ *Il est interdit d'entrer sans frapper.*
◆ *N'entrez pas sans frapper! C'est interdit.*

**À vous à présent!**

# Des mots, toujours des mots...

## Lexique oh!

**1** Recherchez dans le texte les mots qui ont un rapport avec l'argent :

| substantifs | *francs, portefeuille ...* |
|---|---|
| verbes | *changer ...* |
| adjectifs | *faux ...* |
| expressions | *je vous dois combien ...* |

À partir des situations suivantes, inventez de brefs dialogues, en utilisant les mots et les expressions que vous avez trouvés :

**a.** Le client demande au commerçant le prix d'un kilo de poires; elles coûtent 15 francs; le client en demande 2 kilos; il paie avec un billet de 50 francs.

14

**b.** Le client doit payer ses achats; il demande le total au marchand; il donne un billet de 500 francs, mais le marchand ne peut pas le changer; il demande au client de lui donner la somme précise.

## Rendez à César ce qui est à César

**2** **Retrouvez la bonne définition :**

1. *Livrer* :
   **a.** écrire des livres
   **b.** apporter à domicile
   **c.** peser une livre de marchandise

2. *Farfouiller* :
   **a.** parler en répétant des syllabes, de façon confuse
   **b.** chercher
   **c.** faire des recherches archéologiques

3. *Un bouquet* :
   **a.** une composition florale
   **b.** un petit groupe d'arbres
   **c.** animal qui vit dans les montagnes

4. *Un mouchoir* :
   **a.** un morceau d'étoffe colorée que l'on porte autour du cou
   **b.** un carré de tissu servant à s'essuyer le nez
   **c.** un petit salon élégant de dame

5. *Un abonné* :
   **a.** une personne qui a le téléphone
   **b.** un amateur de bonnes choses
   **c.** un chapeau en laine que l'on met en hiver

**Voici les mots de quelques définitions que vous avez écartées; retrouvez-les :**

|  |  |  |  |
|---|---|---|---|
| *foulard* | *bonnet* | *bafouiller* | *bouquetin* |
| | *boudoir* | *bosquet* | *gourmet* |

# À vos plumes, prêts, partez!

## Pas à pas

**1** Quels personnages avez-vous
rencontrés? Pensez-vous qu'ils
auront tous de l'importance pour
la suite de l'histoire? Établissez
pour chacun une «fiche
signalétique».

---

sexe :

âge :

profession :

signes particuliers :

---

**Parmi les éléments suivants, lesquels vous semblent importants
pour la suite de l'histoire?**

**a.** Il fait très froid, on est en hiver.

**b.** C'est l'anniversaire de mariage de M. et Mme Grasset.

**c.** Sur le billet de 200 francs, il y a un numéro de téléphone
mystérieux.

## Détente

**2** **Les messages codés.**

Au lycée, on aime bien communiquer par «messages codés», pour ne pas se faire pincer [1] par le prof. Sauriez-vous en déchiffrer? Attention, vous devez d'abord trouver comment le code fonctionne :

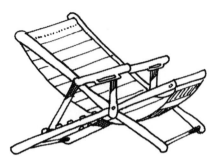

C → A
D → B
E → C
...........

**Vous avez compris? Alors déchiffrez!**

---

RCUUG-OQK VQP ECJKGT!

NG RTQH C WP VTQW C UQP RCPVCNQP

FQPPG-OQK NG TGUWNVCV FG N'GZGTEKEG FG OCVJ!

---

1. **se faire pincer** : se faire surprendre.

# Chapitre 2

## Tout ce mal pour rien!

**M**AIS ENFIN, quand est-ce que cet imbécile va me rappeler??!»

Le commissaire ne tient pas en place. Il faut dire qu'après plus de 30 ans d'activité, il a bien du mal à s'habituer à la retraite. Il pense que peut-être quelqu'un est en danger, il se demande pourquoi une femme – car c'est sûrement une femme! – a écrit ces chiffres, sans doute un numéro de téléphone, sur un billet de banque! Le billet est neuf, il n'est pas froissé [1], il est passé dans peu de mains...

Il est presque midi! Grasset n'en peut plus; il enfile [2] son pardessus, ses chaussures. C'est à peine s'il répond à sa femme qui lui crie que le déjeuner est presque prêt, et qui lui demande

---

1. **pas froissé** : sans un pli.
2. **enfile** : met son vêtement.

de ne pas rentrer trop tard.

Le commissariat n'est pas très loin. Grasset y est toujours allé à pied. Il y a un peu de verglas [1] sur les trottoirs; il doit faire attention, s'il ne veut pas se casser une jambe.

Quand il arrive, ses ex-collègues l'accueillent en riant, avec les mêmes plaisanteries [2] : «Alors, commissaire, vous avez déjà la nostalgie? Vous voulez reprendre du service?»

Il trouve Vignot dans son bureau, en train de casser la croûte : un sandwich jambon-beurre et une canette de bière [3].

«Patron! Quel bon vent? Je viens d'appeler chez vous! Votre femme m'a dit que vous étiez sorti...

— Arrête de m'appeler «Patron»! Je ne suis plus ton patron!

— Oui, excusez-moi... Mais vous savez, patron, l'habitude... oh, pardon!

— Alors, ce numéro? Qu'est-ce que tu as découvert?

— Ben, rien de spécial! Une  famille tout à fait normale... pas de disparition, pas de plainte... rien, quoi!

— C'est quand même bizarre...

— Quoi, patron? Vous m'expliquez ce qui se passe?...

— Laisse... dis-moi, cette famille, où elle habite?

— Tenez, j'ai tout noté là... Mais vous allez m'expliquer!

— Après! Maintenant, j'ai à faire.

— Mais enfin, patron, vous ne pouvez pas me laisser sans rien me dire... Et puis, vous êtes à la retraite! Qu'est-ce qui vous arrive?

— Laisse-moi tranquille! Salut!»

D'un signe de la main, Grasset est déjà sorti. Il commence à en

---

1. **le verglas** : plaque de glace.
2. **la plaisanterie** : quelque chose qu'on dit pour faire rire.
3. **une canette de bière** : une petite bouteille de bière.

avoir assez, de s'entendre dire cent fois par jour qu'il est à la retraite! Ce n'est pas une raison pour ne rien faire! Et puis, si quelqu'un était en danger?

Il appelle un taxi, et se fait conduire à l'adresse que Vignot lui a donnée. C'est un quartier de la proche banlieue. Il est midi et demi, déjà... Sa femme doit être en colère! Pour leur anniversaire de mariage, c'est du beau gâchis[1]! Tant pis, maintenant, il doit aller jusqu'au bout!

Le taxi le dépose devant un petit pavillon blanc, entouré d'un jardin; deux vélos sont appuyés contre la grille. Le commissaire sonne. Un homme d'une quarantaine d'années entrouvre la porte :

«Bonjour, Monsieur, vous désirez?

— Commissaire Grasset, de la police criminelle... Je peux vous poser quelques questions?»

L'homme a l'air affolé [2] : «Quoi? Qu'est-ce qui se passe? Mon fils a eu un accident?

— Non, je veux juste vous demander quelque chose... il n'est rien arrivé de grave. Ne vous en faites pas.

— Entrez... Vous m'avez fait peur... Vous savez, mon fils se déplace en mobylette... Alors, la police... j'ai tout de suite imaginé le pire... Je vous en prie, entrez, asseyez-vous...»

Le commissaire le suit dans un petit salon; une jeune fille est en train de lire un magazine.

Quand le commissaire sort le billet de 200 francs, avec les chiffres mystérieux, elle éclate de rire :

«Notre numéro de téléphone? Mais c'est moi qui l'ai écrit.

— Comment toi?» Son père s'est tourné vers elle.

---

1. **du gâchis** : (*fam. et fig.*) une situation confuse.
2. **affolé** : il a peur.

«Oui, je voulais laisser mon numéro à Martine, une nouvelle copine. On n'avait pas de papier, ni de crayon... Alors elle a pris un billet dans son portefeuille, et j'ai écrit dessus. Et puis, c'est pas du rimmel! C'est du khôl, le crayon pour les yeux!...»

Le commissaire est déjà debout, presque honteux [1]. Il se sent plutôt ridicule. À quoi voulait-il jouer? au justicier solitaire? Il salue, laissant ses interlocuteurs étonnés...

Le taxi l'attend. Il se fait reconduire chez lui... 186 francs! la note est salée... et cette fois-ci, pas question de la faire passer pour une note de frais [2]! En colère, il tend au chauffeur le fameux billet.

«Gardez la monnaie!»

Décidément, il aurait mieux fait de ne pas sortir de chez lui, ce matin!

Soudain, il s'arrête net. Devant la porte de son immeuble, il y a des voitures de police, une ambulance, un attroupement de curieux...

1. **honteux** : il a le sentiment d'avoir agi stupidement.
2. **la note de frais** : détail d'un compte à payer.

# À vos baladeurs

**Écoutez bien et complétez le texte :**

Le taxi le dépose ............... un petit pavillon blanc, entouré d'un jardin; deux vélos sont appuyés ............... la grille. Le commissaire sonne. Un homme d'une quarantaine d'............... entrouvre la porte :
«Bonjour, ..............., vous désirez?
– Commissaire Grasset, de la police criminelle... Je peux ...............
............... quelques questions?»
L'homme a l'air affolé : «Quoi? Qu'est-ce qui .................? Mon fils a eu un ...............?
– Non, je veux juste vous demander quelque chose... il n'est rien arrivé de grave. Ne ............... pas.
– Entrez... Vous m'avez fait ............... Vous savez, mon fils se déplace ............... Alors, la police... j'ai tout de suite imaginé ............... Je vous en prie, entrez, asseyez-vous...»

# Entre les lignes

**1** **Parmi les affirmations suivantes, choisissez celles qui sont vraies.**

1. Le commissaire sort de chez lui
   - ☐ parce qu'il est impatient
   - ☐ parce qu'il s'est disputé avec sa femme
   - ☐ parce qu'il n'a pas faim

2. Il doit faire attention parce que
   - ☐ il y a beaucoup de circulation
   - ☐ les trottoirs sont glissants
   - ☐ il y a des crottes de chien par terre

3. Il se fâche avec Vignot parce que
   - ☐ il ne veut pas lui donner son sandwich
   - ☐ il continue de l'appeler «patron»
   - ☐ il n'a pas cherché le nom de l'abonné

**4.** Il va à l'adresse que Vignot lui a donnée parce que
- ☐ il pense que quelqu'un est en danger
- ☐ il veut faire un tour
- ☐ il doit y retrouver sa femme

**5.** Le propriétaire du petit pavillon a peur car
- ☐ il a fait quelque chose de mal
- ☐ il pense que son fils a eu un accident
- ☐ il est fou

**6.** La jeune fille a écrit son numéro sur un billet parce que
- ☐ elle n'avait pas de papier
- ☐ elle cherchait une aventure
- ☐ elle voulait se moquer de la police

**7.** Grasset est en colère parce que
- ☐ il se sent ridicule
- ☐ le taxi coûte cher
- ☐ il a pris froid

## Les petits papiers

**2** **Pour résumer le chapitre, Julien a pris des notes... sur des bouts de papier qu'il a mélangés! Remettez-les dans le bon ordre en les numérotant de 1 à 9.**

- ☐ La jeune fille dit qu'elle a écrit son numéro de téléphone pour une copine.
- ☐ Grasset est impatient et il décide d'aller au commissariat.
- ☐ Grasset voit beaucoup de monde devant son immeuble.
- ☐ Le taxi dépose Grasset devant un petit pavillon de banlieue.
- ☐ Au commissariat, tous ses ex-collègues accueillent Grasset en plaisantant.
- ☐ Vignot donne à Grasset l'adresse de l'abonné du numéro inscrit sur le billet.
- ☐ Grasset s'en veut d'avoir été si ingénu.

☐ Grasset rentre chez lui et paie le taxi avec le billet de 200 francs.

☐ Grasset appelle un taxi pour se rendre à l'adresse que lui a donnée Vignot.

**Maintenant, rédigez le résumé, en enlevant tout ce qui vous semble inutile : par exemple, il est inutile de répéter les substantifs, il vaut mieux utiliser des pronoms... N'oubliez pas d'employer :** *d'abord,* *puis, enfin,* **etc.**

*Au commissariat, tous ses ex-collègues accueillent Grasset en plaisantant. Vignot lui donne ...........................................................*

## S.O.S. grammaire

## La forme interrogative directe

> «*Quand est-ce que* cet imbécile va me rappeler?»

◆ Il existe trois façons de formuler une question :

1. **L'intonation** (langue orale)
   *Tu m'entends?*
2. **Est-ce que + sujet + verbe**
   *Est-ce que tu m'entends?*
3. **L'inversion du sujet**
   *M'entends-tu?*

◆ Quand le sujet est un substantif, il faut le reprendre **par un pronom personnel sujet :**

   *Jacques a-t-il téléphoné?*

(On remarque dans ce dernier exemple que l'on insère un «t» euphonique, qui sert à éviter de prononcer deux voyelles consécutives)

## À vous de jouer!

**1** Relisez le chapitre, retrouvez toutes les interrogatives directes, et classez-les (intonation, *est-ce que*..., inversion).

| intonation | est-ce que... | inversion |
|---|---|---|
|  |  |  |

**2** Transformez en employant l'inversion du sujet :

**1.** Est-ce que les enfants sont rentrés de l'école?

...........................................................................................................

**2.** Où est-ce que vous vous êtes connus?

...........................................................................................................

**3.** Est-ce que tu l'aimes?

...........................................................................................................

**4.** Est-ce qu'Hélène a répondu à ta dernière lettre?

...........................................................................................................

**5.** Est-ce que vos amis connaissent l'Égypte?

...........................................................................................................

**6.** Est-ce que tu as son numéro?

...........................................................................................................

**3** Vous êtes journaliste et vous devez interviewer un acteur célèbre. Trouvez des questions pour les réponses suivantes; posez deux questions (avec l'inversion du sujet et *est-ce que*) pour chaque réponse :

*Où habitez-vous? Où est-ce que vous habitez?*
*À Paris.*

...............................................................................................?
Tous les jours!

...............................................................................................?
Sur la côte d'Azur!

...............................................................................................?
Ça dépend du temps qu'il fait : en voiture, ou à vélo

...............................................................................................?
Parce que je n'aime pas la campagne, la campagne m'ennuie!

...............................................................................................?
Il y a deux ans, pour un petit rôle

...............................................................................................?
Avec Isabelle Adjani, ou Catherine Deneuve!

...............................................................................................?
Ça dépend des films... Disons que je suis bien payé!

# Des mots, toujours des mots...

## Lexique oh!

**1** Retrouvez dans le texte tous les termes ayant un rapport avec le monde du travail :

| substantifs | *activité, retraite ...* |
|---|---|
| **verbes** | *reprendre du service ...* |

26

ACTIVITÉS

À partir du bref curriculum vitæ suivant, rédigez un petit texte pour raconter la carrière de Jacques Legros. Voici quelques termes qui vous seront utiles : *licencier, chercher du travail, être au chômage, embaucher, avoir une promotion, faire carrière, partir à la retraite...*

Septembre 1965 : entre comme commis à la Société import-export Dupond

Août 1972 : devient chef du personnel de la société

Janvier 1978 : perd son travail pour raisons économiques

Juin 1979 : crée sa propre société d'import-export : *Rapido*

Décembre 1993 : J. Legros a 65 ans : fin d'activité

## Vous avez tout compris?

**2** Que signifient ces expressions? Choisissez la bonne réponse :

1. *Il ne tient pas en place* :
   a. il n'a pas de place pour s'asseoir
   b. il n'est pas à sa place
   c. il est très agité

2. *Il casse la croûte* :
   a. il mange un repas froid
   b. il ne mange que la croûte du pain
   c. il casse un vieux vase

3. *Il entrouvre la porte* :
   a. il ouvre la porte toute grande
   b. il ouvre à peine la porte
   c. il ouvre la porte avec sa clé

4. *Un quartier de la proche banlieue* :
   a. un quartier très loin de Paris
   b. un quartier du centre
   c. un quartier pas très éloigné du centre

5. *Quel bon vent?* :
   a.  il fait froid?
   b.  qu'est ce qui vous amène?
   c.  vous aimez ce vent qui souffle?

6. *C'est du beau gâchis* :
   a.  la fête est réussie
   b.  tout est raté
   c.  c'est un beau spectacle

7. *Il semble affolé* :
   a.  il n'est pas seul
   b.  il est fou
   c.  il a peur

8. *Des notes de frais* :
   a.  des dépenses de travail que l'on se fait rembourser
   b.  des dépenses faites en hiver
   c.  des dépenses très récentes

# À vos plumes, prêts, partez!

## Pas à pas

**1** L'énigme du billet mystérieux est résolue... comment?
L'histoire pourrait s'arrêter ici. Quel événement la relance?

## Suspense

**2** Pourquoi y a-t-il un attroupement, une ambulance et des voitures de police? Imaginez et racontez :

◆ *Il y a eu un accident, une fuite de gaz* ..........................................
..........................................................................................................

◆ *Il y a eu une alerte à la bombe* ....................................................
..........................................................................................................

◆ *Ou alors?* ...................................................................................
..........................................................................................................

## Détente

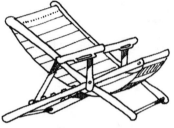

**3** Huit détectives et policiers célèbres, personnages de romans, de films ou de bandes dessinées se cachent dans cette grille. Il y a même un agent secret avec eux. Trouvez-les!

Toutes les lettres restantes vous donneront le nom d'un cambrioleur qui s'est glissé parmi eux. Réussiront-ils tous ensemble à lui passer les menottes?

| A | M | H | O | L | M | E | S |
|---|---|---|---|---|---|---|---|
| J | A | V | E | R | T | C | M |
| R | R | S | T | E | I | O | A |
| N | L | B | R | E | N | L | I |
| L | O | O | A | ■ | T | O | G |
| U | W | N | C | P | I | M | R |
| I | E | D | Y | N | N | B | E |
| M | A | R | P | L | E | O | T |

# Chapitre 3

## Un crime étrange

U N POLICIER barre l'entrée de l'immeuble.

«Qui êtes-vous? Où voulez-vous aller?

– Mais... chez moi! Qu'est-ce qui se passe?

– Il y a eu un crime... Comment vous appelez-vous?

– Un crime? Mais je suis le commissaire Grasset... J'habite au deuxième. Je dois rentrer chez moi!»

Le policier est troublé [1].

«Ah! Le commissaire Grasset... Euh... Suivez-moi, s'il vous plaît...»

Grasset ne comprend rien. Il suit le policier. Sur son passage, les autres locataires, qui discutaient dans l'escalier, deviennent subitement silencieux. Il commence à se sentir inquiet, un vilain

---

1.  **troublé** : embarrassé, ému.

pressentiment lui fait monter les escaliers plus vite. Sur le palier du deuxième étage, il y a un véritable attroupement : des gens tendent la tête, des policiers tiennent les curieux à l'écart. La porte de son appartement est grande ouverte, des hommes vont et viennent.

«Mais qu'est-ce qui s'est passé? Mais où est ma femme? Dites-moi ce qui s'est passé!»

Le policier qui le précédait se retourne.

«Attendez un instant, je vais appeler le commissaire.

– Mais je veux rentrer chez moi! Qu'est-ce qui se passe? Expliquez-moi!»

Il est sur le pas de la porte, il voit arriver Vignot.

«Vignot, qu'est-ce que tu fais chez moi? Tu vas m'expliquer...»

Vignot le prend par le bras.

«Monsieur Grasset... il est arrivé quelque chose de terrible... Votre femme...

– Quoi, ma femme?

– Elle a été assassinée. Venez!»

Grasset est comme paralysé. Une légère pression de Vignot sur son bras le ramène à la réalité.

«Venez, il faut me suivre.»

Il suit Vignot, comme s'il était dans une maison inconnue, qu'il n'avait jamais vue. Il parcourt un long couloir, puis pénètre dans la dernière pièce à gauche. C'est son bureau. Il reste muet[1], pétrifié sur le pas de la porte.

Les hommes de la brigade criminelle s'affairent. Ils tracent des signes sur le plancher. Par terre, il y a des taches.

Grasset fait quelques pas au milieu de la pièce. Il se baisse

---

1. **muet** : sans l'usage de la parole.

pour observer ces taches... du sang! Vignot est toujours à côté de lui. Il l'arrête.

«Excusez-moi, mais il ne faut rien toucher. Vous savez ce que c'est... Elle a sans doute été assommée [1], par derrière. Elle a une blessure à la nuque [2]. C'est votre voisin de palier qui l'a trouvée. Il a vu la porte grande ouverte, il a senti une odeur de brûlé, de la fumée, alors il est entré et il l'a trouvée dans le bureau... Dans la cuisine, il y avait un rôti carbonisé dans le four. Elle devait être en train de cuisiner, quand l'assassin est venu. Elle est sûrement morte sur le coup.»

Le commissaire est stupéfait.

«Mais qui? Qui a fait ça? Pourquoi?»

Il a presque hurlé sa question. Un silence de mort envahit la pièce. Tous les regards se sont tournés vers lui.

---

1.  **elle a été assommée** : on lui a donné un coup sur la tête.
2.  **la nuque** : partie postérieure du cou.

# À vos baladeurs

**Écoutez bien et corrigez si c'est nécessaire :**

Grasset ne comprend rien. Il suit le policier. Sur son passage, les autres locataires, qui discutaient dans les escaliers, deviennent subitement silencieuses. Il commence à se sentir inquiet, un vilain sentiment le fait monter les escaliers plus vite. Sur le palier du douzième étage, il y a eu un véritable attroupement : des jeunes tendent la tête, des policiers tiennent les curieux à l'écart. La porte de son appartement est grande ouverte, deux hommes vont et viennent.

«Mais qu'est-ce qui se passe? Mais où est ma femme? Dites-moi ce qui s'est passé!»

Le policier qui le précédait s'est retourné.

«Attendez un instant, j'ai appelé le commissaire.»

# Entre les lignes

## Vrai ou faux?

**1** Cochez la bonne case :

|  | Vrai | Faux |
|---|---|---|
| 1. Grasset habite au troisième étage | ☐ | ☐ |
| 2. Devant son immeuble, il y a un policier | ☐ | ☐ |
| 3. L'immeuble a été évacué | ☐ | ☐ |
| 4. Vignot est dans l'appartement de Grasset | ☐ | ☐ |
| 5. Madame Grasset a eu une crise cardiaque | ☐ | ☐ |
| 6. Elle est étendue par terre, dans le bureau | ☐ | ☐ |
| 7. C'est la femme de ménage qui a découvert le corps | ☐ | ☐ |
| 8. Madame Grasset allait sortir quand elle a été tuée | ☐ | ☐ |
| 9. Le commissaire Grasset est stupéfait | ☐ | ☐ |

## Le stylo capricieux

**2** **Le stylo de Julien écrit de plus en plus mal... Aidez-le à compléter son résumé.**

Grasset ne peut pas rentrer dans son immeuble, parce que ................ . Quand il dit son nom, le policier ................ . Dans les escaliers, et sur le palier du deuxième étage, des gens ................ Vignot est dans l'appartement, et il annonce à Grasset que ................ . C'est un voisin qui ................ : il a vu ................ et il a senti ................ . Le cadavre était ................ Madame Grasset a sans doute été ................ . Il y a beaucoup de personnes dans la pièce : quand Grasset demande ................, tout le monde ................ .

## S.O.S. grammaire

### Le féminin des adjectifs

> *Elle est **morte** sur le coup*
> *Une **légère** pression*

En règle générale, on forme le féminin en ajoutant un «e» **au masculin** :
*grand / grande, fatigué / fatiguée*

Mais il y a d'autres façons de former le féminin :

◆ certains adjectifs se terminant par un «e» muet au masculin restent invariables :
*facile / facile, rouge / rouge*

◆ les adjectifs qui se terminent par une consonne au masculin :

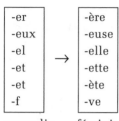

| -er | -ère | *léger / légère* |
| -eux | -euse | *heureux / heureuse* |
| -el | -elle | *naturel / naturelle* |
| -et | -ette | *muet / muette* |
| -et | -ète | *inquiet / inquiète* |
| -f | -ve | *vif / vive* |

masculin    féminin

◆ Attention, certains adjectifs ont deux formes différentes au masculin :

*beau - bel / belle*
*nouveau - nouvel / nouvelle*
*vieux - vieil / vieille*

## À vous de jouer!

**1** **Retrouvez tous les adjectifs du chapitre et donnez le masculin ou le féminin (la forme manquante) :**

*Silencieux / silencieuse*
*Inquiet / inquiète*

.........................................................................................

.........................................................................................

.........................................................................................

.........................................................................................

**2** Un monsieur a passé cette petite annonce; une dame décide de
passer la même... au féminin :

Monsieur veuf, âgé, mais jeune d'esprit, grand, blond, sportif, qui a
été très beau, heureux de vivre, ouvert à toutes les expériences, prêt
à voyager, cherche dame pour retraite heureuse.

Dame ...........................................................................................
...........................................................................................
...........................................................................................
...........................................................................................

**3** Un touriste étranger, Sir John Mackintosh, a écrit à l'Office de
tourisme pour réserver une chambre sur la Côte. Mais il n'est pas
très fort dans les accords. Corrigez sa lettre :

> Monsieur,
>
> J'ai vu à la télévision un reportage
> sur votre charmant région, et je suis
> tombé amoureuse de votre chaude
> soleil, de vos paysages grandioses,
> de votre beau Provence. Je voudrais
> passer quelques jours dans votre bel
> pays, l'été prochaine, avec ma joli
> épouse et mes deux petits filles.
>
> Je voudrais réserver une grande
> chambre, avec un grande lit et deux
> petites berceaux pour mes enfants. Je
> voudrais une chambre pas trop cher.
>
> Je serais très heureuse d'avoir une
> réponse rapide, et je vous envoie
> mes salutations chaleureux.
>
> John Mackintosh.

# Des mots, toujours des mots...

## Lexique oh!

**1** Relisez bien le chapitre, et recherchez tous les mots ayant un rapport avec le crime.

| substantifs | *crime ...* |
|---|---|
| verbes | *assassiner ...* |

Pour les mots suivants, recherchez des termes appartenant à la même famille lexicale :

*Assassin, assassinat, assassiner* ......................................................

◆ Crime, ................................................................................

◆ Meurtre, .............................................................................

◆ Enquête, .............................................................................


## En veux-tu, en voilà, mais quel est le bon?

**2** Le commissaire interroge un suspect qui cherche ses mots! Aidez-le!

«Alors, pouvez-vous me dire où vous étiez hier matin?

– Hier matin? je n'ai pas une bonne (*méninge – mémoire – ménage*) Je suis allé en (*ville – villa – village*) promener mon chien, comme tous les (*matins – matous – matinées*).

– Où êtes-vous allé?

– Au jardin, au parc. Pourquoi me (*posez – faites – dites*) -vous toutes ces questions? Je ne suis pas un (*crime – criminel – criminologue*).

– Vous devez le prouver! Vous n'avez rencontré personne, pour confirmer votre déclaration.

– Je n'ai pas besoin d'(*alibi – alibaba – alinéa*), puisque je n'ai rien fait; je suis (*innocenté – innocent – innocemment*).

– Vous avez une arme?»

– Je (*haie – aie – hais*) la (*violence – violation – viole*). Tenez, je ne connais pas la différence entre un (*pistole – pistolet – piston*) et un fusil.

– Mais les couteaux, vous savez comment ça fonctionne! Vous en avez!?

– Un couteau! tout le monde en a dans sa (*cure – cuisine – cousine*)

– Le vôtre, on l'a retrouvé dans le dos de votre patron! Avec vos empreintes.

– Vous aussi, vos empreintes (*digitales – doigtés – doctes*) sont sur votre couteau! c'est normal!

– Oui, mais mon couteau n'est pas dans le dos de mon patron! Reprenons!»

## Cherchez l'intrus

**3** Un intrus s'est glissé dans chaque groupe de mots suivant; cherchez-le et justifiez votre réponse.

**a.** rassemblement – attroupement – réunion – foule – affolement – cohue

**b.** assassinat – vol – crime – suicide – escroquerie – exécution

**c.** palier – étage – ascenseur – escalier – cuisine – hall

**d.** front – nuque – coude – menton – joue – tête – nez

**e.** policier – inspecteur – témoin – enquêteur – commissaire

# À vos plumes, prêts, partez!

## Pas à pas

**1** À la fin du chapitre, tous les regards se tournent vers Grasset. Pourquoi? Que peut penser Vignot?
En tant que lecteur, vous savez que Grasset ne peut pas être l'assassin, vous connaissez son emploi du temps...

Faites deux listes pour récapituler ce qui est arrivé depuis le matin :
ce que vous savez, ce que Vignot sait... Que pouvez-vous déduire sur
le comportement de Vignot vis-à-vis de Grasset?

| ce que vous savez | ce que Vignot sait |
| --- | --- |
| *Grasset a trouvé un billet mystérieux.* | *Grasset a demandé un renseignement sans donner d'explication.* |
|  |  |

## Suspense

**2** Qui a assassiné Mme Grasset? Trouvez des personnages et des
mobiles :

*Un cambrioleur / pour voler les bijoux de Mme Grasset.*
........................ / ...........................................................
........................ / ...........................................................

## Détente

**3** Derrière cette charade se cache le titre d'un
grand film policier français en noir et blanc.

Mon premier est la première lettre de
l'alphabet.
Mon deuxième coule dans les veines.
Ma troisième a les mêmes parents que moi.
Mon quatrième est une préposition.
Mon cinquième n'est pas beau.
Mon sixième est un animal domestique.
Mon septième n'est pas vrai.
**Mon tout est un film des années 50.**

# Chapitre 4
## Suspect n° 1

D E NOUVEAU, Vignot l'a pris par le bras.
«Venez, Monsieur Grasset; nous avons quelques
questions à vous poser. Il faut laisser ces messieurs travailler...»

Il emmène Grasset dans le salon. C'est comme si c'était lui, le
maître de maison. Grasset est abasourdi [1]. Et pourtant, il en a vu
des scènes semblables, des crimes, des cadavres... Mais il a
toujours été de l'autre côté, du côté des policiers, des
enquêteurs [2]. Jamais du côté des victimes... ni des suspects. Il ne
comprend pas pourquoi on le traite ainsi.

«Vous voulez boire quelque chose, Monsieur Grasset? Ça va
aller?»

---

1.  **abasourdi** : stupéfait, sidéré.
2.  **un enquêteur** : une personne qui fait des recherches judicaires.

Vignot le regarde avec inquiétude. Grasset lève les yeux, et semble le voir pour la première fois.

«Mais, pourquoi vous ne m'appelez plus commissaire? ou patron?»

Vignot est embarrassé.

«Ben, c'est-à-dire... avec ce qui se passe. Moi non plus, je ne comprends plus rien... Il faut que je vous interroge.

– Que vous m'interrogiez?

– Oui, vous comprenez. C'est un crime, un meurtre. On doit chercher le coupable.

– Oui, bien sûr, mais je ne sais rien! Je viens de rentrer chez moi!

– Je suis désolé, je dois vous interroger. Vous aviez de l'argent, des objets de valeur chez vous?

– De l'argent? non, j'en garde toujours peu chez moi, seulement quelques bijoux de ma femme.

– On contrôlera[1] s'il manque quelque chose. Et qu'avez-vous fait ce matin?

– Ce que j'ai fait ce matin? mais je suis venu vous voir! Vous le savez très bien!

– Je regrette, vous devez me raconter votre emploi du temps de façon plus précise...»

Grasset n'en croit pas ses oreilles. Il a l'impression de vivre un cauchemar [2]. Voilà qu'on l'interroge, lui!

«Mais enfin, je suis passé vous voir!

– Oui, mais après? Vous n'êtes resté au bureau qu'un quart d'heure environ [3], de midi à midi et quart, pas plus... Et vous

---

1. **on contrôlera** : on vérifiera.
2. **un cauchemar** : un mauvais rêve.
3. **environ** : à peu près.

41

n'avez rien voulu me dire... Quand j'ai téléphoné chez vous, ce matin, un peu avant midi, c'est votre femme qui m'a répondu. Et il est maintenant plus de quinze heures... Nous avons besoin de savoir ce que vous avez fait exactement cet après-midi.

– Mais je rêve! Ce n'est pas possible!»

Grasset est debout, il hurle.

«Mais cherchez donc l'assassin, au lieu de perdre votre temps!».

Vignot essaie de le calmer, mais il se démène comme un fou. D'autres personnes sont dans le salon. Il reconnaît quelques visages familiers, qu'il a rencontrés au cours de ses enquêtes. Tous ces regards sont tournés vers lui, comme s'ils l'accusaient. Alors, il retrouve son calme, et se laisse tomber dans le fauteuil.

Vignot est devenu dur, froid.

«Monsieur Grasset, je vais être obligé de vous demander de nous suivre, au commissariat, pour un interrogatoire.»

Grasset se sent pâlir. Lui, on le soupçonne [1]! Mais c'est ridicule!

Il regarde le visage dur de Vignot.

Il devient sarcastique :

«Je suppose que vous allez me mettre les menottes [2]...

– Voyons, vous savez très bien qu'on ne le fait pas, avec les témoins [3]. On ne tourne pas un film, Monsieur Grasset, et vous n'êtes qu'un témoin pour l'instant...»

1. **on le soupçonne** : on pense qu'il est coupable.
2. **les menottes** : bracelets de métal que la police met aux mains des prisonniers.
3. **les témoins** : personnes qui ont vu ou entendu quelque chose.

# À vos baladeurs

**Écoutez bien et corrigez si nécessaire :**

De nouveau, Vignot le prend par le bras.
«Venez, Monsieur Grasset; nous avons une question à vous poser. Il faut laisser ces messieurs travailler...»
Il emmène Grasset dans l'entrée. C'est comme si c'était lui, le maître de maison. Grasset est étourdi. Et pourtant, il en a vu des scènes semblables, des crimes, des cadavres... Mais il a toujours été d'un autre côté, du côté des policiers, des enquêteurs. Jamais du côté des victimes... ni des témoins. Il ne comprend pas pourquoi on l'a traité ainsi.
«Vous voulez manger quelque chose, Monsieur Grasset? Ça va aller?»
Vignot le regarde avec inquiétude. Grasset baisse les yeux, et semble le voir pour la dernière fois.

# Entre les lignes

## Vrai ou faux?

**1** Cochez la bonne case :

|  | Vrai | Faux |
|---|---|---|
| 1. Grasset n'avait jamais vu de cadavre auparavant | ☐ | ☐ |
| 2. Les rapports entre Grasset et Vignot ont changé | ☐ | ☐ |
| 3. Vignot veut connaître l'emploi du temps de Grasset | ☐ | ☐ |
| 4. Grasset avait une grosse somme d'argent chez lui | ☐ | ☐ |
| 5. Un peu avant midi, la femme de Grasset était déjà morte | ☐ | ☐ |
| 6. Grasset comprend que Vignot doit faire son travail | ☐ | ☐ |
| 7. Grasset a l'impression qu'on le soupçonne du meurtre | ☐ | ☐ |
| 8. Vignot doit emmener Grasset au poste de police | ☐ | ☐ |
| 9. Vignot veut passer les menottes à Grasset | ☐ | ☐ |
| 10. Les policiers ont laissé le cadavre dans l'appartement | ☐ | ☐ |

## La page déchirée

**2** La page du livre de Julien est déchirée. Mais il veut connaître la suite de l'histoire. Il vous pose des questions pour savoir ce qui s'est passé dans ce chapitre :

◆ Comment a réagi Grasset en apprenant la mort de sa femme?

...................................................................................................................

◆ Mais Vignot essaie de le réconforter?

...................................................................................................................

◆ Mais pourquoi Vignot veut-il l'interroger? Que veut-il savoir?

...................................................................................................................

◆ Alors, ils emmènent Grasset en prison?

...................................................................................................................

## S.O.S. grammaire

### La forme interrogative indirecte

*Il ne comprend pas **pourquoi on le traite ainsi**.*

◆ L'interrogation indirecte est introduite par un verbe :
*demander, savoir, dire, comprendre...*

◆ Dans la proposition interrogative, **on n'utilise jamais "est-ce que" et on ne fait pas l'inversion du sujet**.

◆ Voici le schéma de transformation :

| INTERROGATION DIRECTE | INTERROGATION INDIRECTE |
|---|---|
| *Voulez-vous du café?* | *Dites-moi **si** vous voulez du café* |
| *Où habites-tu?* | *Je voudrais savoir **où** tu habites* |
| *Qui est-ce qui vient avec moi?* | *Dites-moi **qui** vient avec moi* |
| *Qui est-ce que tu as vu?* | *Je dois savoir **qui** tu as vu* |
| *Qu'est-ce que tu fais?* | *Tu dois me dire **ce que** tu fais* |
| *Qu'est-ce qui te plaît?* | *Dis-moi **ce qui** te plaît* |

## À vous de jouer!

**1** Relevez les phrases interrogatives indirectes du chapitre et transformez-les en interrogatives directes.

## L'interview impossible

**2** Le journaliste interroge un Lyonnais, centenaire, qui entend mal. Sa fille répète les questions du journaliste au style indirect :

«Où est-ce que vous habitez?
– *Il veut savoir où tu habites!*
– Ah! j'habite ici, à Lyon, dans ce vieux quartier»

«Vous avez vécu aussi dans d'autres villes?
– *Il te demande* ....................................................................
– Non, j'ai toujours vécu à Lyon, je ne suis jamais parti!

– Est-ce que la ville s'est transformée?
– ....................................................................
– Oui, bien sûr, la ville a beaucoup changé!

– Qu'est-ce qui a changé, qu'est-ce qu'il n'y a plus à Lyon?
– ....................................................................
– Beaucoup de choses! Des tas de vieux métiers des rues ont disparu, les gens aussi ont changé.

– Pourquoi les Lyonnais sont-ils différents?

– ....................................................................................................

– Maintenant, ils n'ont plus le temps de vivre, de s'arrêter, de bien manger, de bavarder. Tout le monde court!

– Qu'est-ce que vous regrettez le plus?

– ....................................................................................................

– Le calme, le silence! Écoutez ces voitures! C'est infernal! Je n'arrive même pas à entendre ce que vous me dites!»

**3** Vous avez l'occasion d'écrire à Rosa Voitou, voyante. Que lui demandez-vous? Rédigez un petit texte, où vous posez vos questions au style indirect.

Mercredi 10 Janvier

Chère Rosa,

# Des mots, toujours des mots...

## Lexique oh!

**1** Vous trouverez ci-dessous quelques mots appartenant au champ lexical du crime et de l'enquête :

*suspect – revolvers – enquêtes –*
*victime – arme – avouer –*
*police – interrogatoires –*
*témoins – poursuites – indices –*
*soupçons – détective*

**Utilisez-les pour compléter le texte suivant :**

L'inspecteur Maigret

C'est le commissaire de .................. le plus célèbre du monde. Il a été créé par un écrivain belge, Georges Simenon. Maigret est un homme tranquille et sensible. Pour mener ses .................., il veut d'abord comprendre dans quel milieu évoluent les personnages. Il fouille dans le passé de la .................. Il interroge les .................., il relève tous les .................. Puis quand il a ses premiers .................. il observe le .................., il lui parle; il n'a pas besoin de le soumettre à de longs .................. pour l'amener à .................. naturellement son crime. Maigret n'est pas un violent. On ne le voit presque jamais avec une .................. : il n'aime pas les .................., les fusils, les courses .................. en voiture de sport. C'est avant tout un psychologue, un .................. vieille manière bien différent des héros que nous voyons à la télévision.

## Comme deux gouttes d'eau

**2** Regroupez les expressions ayant le même sens; attention, il y a trois intrus qui resteront tout seuls!

*je regrette – je suis aux anges – mal à l'aise – crime –
je n'en crois pas mes oreilles – gêné – meurtre – je suis désolé –
emploi du temps – abasourdi – soucis – assassinat –
je suis navré – étonné – embarrassé*

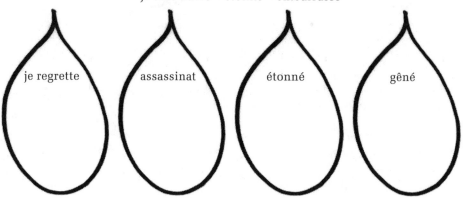

je regrette    assassinat    étonné    gêné

# À vos plumes, prêts, partez!

## Pas à pas

**1** On remarque au cours de ce chapitre un changement dans le comportement de Vignot envers Grasset. Comment cela se manifeste-t-il? Comment peut-on expliquer cette froideur de Vignot? Est-ce que vous le justifiez? Depuis le début de l'histoire, Grasset tutoie Vignot, qui le vouvoie... Pourquoi?

## Suspense

**2** **Les derniers mots sont une menace pour Grasset. Que va-t-il se passer? Imaginez des suites possibles :**

◆ *Grasset va être accusé par Vignot et* ...........................................
...........................................................................................................

◆ *Grasset a peur, il s'enfuit et* ..............................................................
...........................................................................................................

◆ *Ou alors?* ..........................................................................................
...........................................................................................................

## Détente

**3** **Mots croisés pour un détective...**

1. L'heure du crime.
2. Un bon détective le contrôle toujours.
3. Il n'est pas forcément coupable.
4. Ceux qui y sont, ont fait quelque chose de mal.
5. C'est une arme qui ne laisse pas de traces.
6. Le casier judiciaire des criminels ne l'est pas.
7. Un bon détective est toujours sur ceux du coupable.
8. Quand on tire dedans, il y a beaucoup de victimes.
9. Ce jour de mars, Brutus a assassiné son père César...
10. Il y en a toujours, sur les lieux du crime.
11. Le temps l'est, quand on est condamné à perpétuité.

# Chapitre 5

## Le mystère s'épaissit

*J*E N'EN PEUX PLUS! Ça suffit! Laissez-moi tranquille!»
Voilà des heures que Grasset est interrogé par ses ex-
collègues; des heures qu'il raconte sa matinée, qu'il parle du
billet mystérieux, de son enquête. Au début, ils ont eu bien du
mal à le croire. Comment un homme aussi intelligent que lui,
avec son expérience, a-t-il pu être intrigué par quelques chiffres
sur un billet de banque!? Puis on a retrouvé le chauffeur de taxi,
le propriétaire du petit pavillon où Grasset s'était rendu. Son
alibi tenait. Grasset était aussi retourné chez lui, avec les
enquêteurs, pour regarder si quelque chose manquait dans son
appartement. En fait, tout était en ordre : le peu d'argent qu'il

avait chez lui était toujours là, dans le troisième tiroir [1] de la commode. Personne n'avait touché aux bijoux de sa femme. Bref, le mystère demeurait entier. Mais l'innocence de Grasset, au moins, devenait évidente.

«Bon, écoutez, vous n'avez plus qu'à signer votre déposition [2]. Voilà... Si vous voulez, on peut vous raccompagner chez vous.»

Grasset lève ses yeux fatigués;

«Non, je préfère marcher. Ça me fera du bien. Et pour ma femme? Pour l'enterrement?»

Vignot hésite un instant et lui répond : «On vous avertira [3]... Peut-être demain... Vous savez ce que c'est...»

Oui, il sait ce que c'est... Mais jamais il n'aurait imaginé que ça pouvait être si pénible [4], qu'il pouvait être si facile d'être soupçonné d'un crime horrible.

Ce n'est qu'en rentrant chez lui, en se retrouvant seul, que Grasset réalise ce qui est arrivé. Jusque-là, il était entouré, il n'avait pensé qu'à se défendre. La nuit est tombée, il a faim. La cuisine est en désordre, le four grand ouvert, le rôti carbonisé est encore sur la table. Une profonde tristesse l'envahit. En ouvrant le frigo, il trouve une bouteille de champagne. Sa femme l'avait mise au frais... Elle aussi, elle s'était

---

1. **le tiroir** : partie d'un meuble qu'on tire pour ouvrir.
2. **votre déposition** : votre déclaration.
3. **on vous avertira** : on vous informera.
4. **pénible** : difficile à supporter.

rappelé que c'était leur anniversaire : trente-deux ans de mariage, trente-deux ans de bonheur interrompu si brutalement. Les larmes lui montent aux yeux. Mais tout à coup, il regarde autour de lui, il va dans toutes les pièces de l'appartement. Mais oui, comment n'y a-t-il pas pensé plus tôt? Les roses! Le fleuriste ne les a pas apportées!

Grasset se précipite sur le téléphone pour appeler Vignot. Mais l'air condescendant et supérieur de ce dernier lui revient en mémoire. Ce Vignot, qui a toujours travaillé sous ses ordres, et se retrouve à sa place, seulement parce qu'il est plus jeune! Grasset repose le combiné [1]. Il agira seul. Il lui montrera, s'il n'est pas encore capable de mener une enquête et de trouver un assassin!

Il doit faire un effort énorme pour ne pas se précipiter dans la rue, devant la boutique du fleuriste. Il fait nuit noire, tout est fermé. Il attendra demain. Demain matin, il commencera l'enquête la plus importante de sa vie, et il réussira, il en est certain, à découvrir l'assassin de sa femme.

1. **le combiné** : la partie du téléphone qui permet à la fois d'écouter et de parler.

# À vos baladeurs

**Corrigez si c'est nécessaire :**

«Je n'en peux plus! Ça suffit! Laisse-moi tranquille!»
Voilà deux heures que Grasset est interrogé par ses collègues; des heures qu'il raconte cette matinée, qu'il a parlé du billet mystérieux, de son enquête. Au début, ils ont bien du mal à le croire. Comment un homme si intelligent que lui, avec tant d'expérience, a-t-il pu être intrigué par quelques chiffres sur un billet de banque!? Puis on a retrouvé le chauffeur de taxi, le propriétaire du petit pavillon où Grasset s'est rendu. Son alibi tenait. Grasset est ainsi rentré chez lui, avec l'enquêteur, pour regarder si quelque chose manquait dans son appartement. En effet, tout est en ordre : le peu d'argent qu'il avait chez lui était toujours là, dans le treizième tiroir de la commode. Personne n'avait touché aux bijoux de sa femme. Bref, le mystère demeure entier.

# Entre les lignes

## Vrai ou faux?

**1** Cochez la bonne case :

|  | Vrai | Faux |
|---|---|---|
| 1. L'interrogatoire de Grasset a duré une heure | ☐ | ☐ |
| 2. Pour l'heure du meurtre, Grasset n'a pas d'alibi | ☐ | ☐ |
| 3. Vignot a raccompagné Grasset chez lui en voiture | ☐ | ☐ |
| 4. On n'a rien volé chez Grasset | ☐ | ☐ |
| 5. Quand il rentre chez lui, tout est en désordre | ☐ | ☐ |
| 6. Il est heureux d'être enfin seul | ☐ | ☐ |
| 7. Sa femme avait pensé fêter leur anniversaire de mariage | ☐ | ☐ |
| 8. Il met les roses que le fleuriste a apportées dans un vase | ☐ | ☐ |
| 9. Il appelle Vignot pour lui parler du fleuriste | ☐ | ☐ |
| 10. Grasset sort de chez lui pour aller devant la boutique du fleuriste | ☐ | ☐ |

## Les petits papiers

**2** **Remettez les phrases dans l'ordre en les numérotant de 1 à 7 :**

☐ Grasset trouve une bouteille de champagne dans le frigo
☐ Grasset veut téléphoner à Vignot
☐ Vignot fait vérifier l'alibi de Grasset
☐ Grasset se rend compte que le fleuriste n'a pas livré les roses
☐ Grasset décide d'agir seul
☐ Grasset rentre chez lui
☐ Grasset raconte son emploi du temps aux enquêteurs.

**Vous avez tout remis dans l'ordre? Maintenant, rédigez le résumé, en enlevant tout ce qui vous semble inutile : par exemple, il est inutile de répéter les substantifs, il vaut mieux utiliser des pronoms... N'oubliez pas d'employer :** *d'abord*, *puis*, *enfin*, etc.

## S.O.S. grammaire

### Les pronoms personnels compléments

*Ils ont du mal à **le** croire*
*Il **leur** montrera*
*Il travaille pour **moi***

◆ Pronoms personnels **atones**

| DIRECTS | INDIRECTS |
|---------|-----------|
| me | me |
| te | te |
| le   la | lui |
| nous | nous |
| vous | vous |
| les | leur |

◆ Pronoms personnels **toniques**
(après une préposition)

| moi |
|-----|
| toi |
| lui   elle |
| nous |
| vous |
| eux   elles |

ACTIVITÉS

**Attention!**

◆ Les pronoms personnels atones se placent toujours devant le verbe dont ils sont compléments :

*Il **lui** parle*      *Il **le** prend*
*Il doit **lui** parler*      *Il veut **le** prendre*

◆ **Mais** : avec un verbe à la forme impérative affirmative, le pronom personnel atone se met après le verbe :

*Écoute-**nous**!*

◆ Le pronom personnel de la première et deuxième personne (me – te) se transforme alors en (moi – toi) :

*Regarde-**moi**! Parle-**moi**!*

## À vous de jouer!

**1** Retrouvez dans le texte tous les pronoms personnels et classez-les :

| | |
|---|---|
| pronoms atones compléments directs | |
| pronoms atones compléments indirects | |
| pronoms toniques | |

**2** Répondez en remplaçant le complément par un pronom :

1. Quand as-tu téléphoné à Pierre?
..................................................................................

2. Tu es sortie avec tes amis?
..................................................................................

3. Tu aimes toujours Martine?
..................................................................................

**4.** Vous avez livré les roses pour Mme Grasset?

...............................................................................................................

**5.** Tu connais la fin du film?

...............................................................................................................

**6.** Ta maman a téléphoné à tes profs?

...............................................................................................................

## L'interview

**3** **Claire fait une enquête auprès des jeunes pour savoir si le coup de foudre existe encore. Elle interroge un couple d'adolescents. Choisissez le pronom approprié :**

«Alors, Martine, le coup de foudre, vous (*l'* – *la* – *le*) avez connu?
M : – Oui! La première fois que j'ai vu Daniel, j'ai eu envie de (*le* – *lui* – *la*) parler... C'était plus fort que (*moi* – *me*)! Je devais absolument aller vers (*elle* – *lui* – *leur*), (*lui* – *le*) rencontrer.
C : – Et alors, comment as-tu fait pour (*te* – *toi*) faire remarquer?
M : – Je me suis servie de ses amis. Je (*leur* – *les*) connaissais un peu, je me suis rapprochée (*d'eux* – *d'elle*).
C : – Et puis?
M : – Eh bien, Daniel (*me* – *nous* – *m'*) a vue, je (*l'* – *lui*) ai connu... Entre (*nous* – *elles*), ça a été le coup de foudre!
C : – Daniel, c'est vrai, tout ce qu'elle raconte?
D : – Pas vraiment... En fait, c'est moi qui (*la* – *lui* – *l'*) ai remarquée, et j'ai tout fait pour (*la* – *lui* – *elle*) rencontrer, (*lui* – *le*) taper dans l'œil et (*le* – *la* – *elle*) séduire!
C : – C'est-à-dire?
D : – Je n'arrêtais pas de passer et repasser devant (*elle* – *la*), j'étais toujours devant sa classe... Et puis un jour, je (*la* – *le* – *lui* – *l'*) ai bousculée, elle a fait tomber ses livres, et je (*les* – *eux*) ai ramassés. Elle a eu le coup de foudre... et moi aussi!
C : – Et vos projets?
D : – Je ne (*le* – *la* – *lui*) quitterai jamais. Je veux passer ma vie avec (*elles* – *elle* – *lui*)!

C : – Et toi, Martine?

M : – Moi aussi, j'espère que mon histoire avec (*le – lui*) durera longtemps... Mais vous savez, les coups de foudre, ça frappe sans prévenir!

D : – Fais attention, Martine! Ne (*me – moi*) taquine pas! Quitte- (*moi – me*) pour un autre, et je serais malheureux!»

# Des mots, toujours des mots...

## Lexique oh!

**1** Relisez bien le chapitre, et retrouvez tous les termes ayant un rapport avec les sentiments et le portrait psychologique des personnages.

| substantifs | *tristesse, bonheur ...* |
|---|---|
| **adjectifs** | *intelligent, intrigué ...* |
| **expressions** | *faire du bien, avoir du mal ...* |

**Complétez avec des mots appartenant au même champ lexical :**

*Intelligent, intelligence, intelligible, intelligemment* ..........................

- ◆ Triste, .........................................................................................
- ◆ Joyeux, ........................................................................................
- ◆ Horrible, ......................................................................................

## Rendez à César ce qui est à César

**2** Retrouvez la bonne définition :

1. *Le combiné :*
   - **a.** une partie du téléphone
   - **b.** un système pour se débrouiller
   - **c.** un sous-vêtement féminin

**2.** *Dénicher :*
   **a.** trouver
   **b.** faire des blagues (familier)
   **c.** se cacher, habiter (familier)

**3.** *Une déposition :*
   **a.** une déclaration
   **b.** un endroit très sale
   **c.** de l'argent laissé à la banque

**4.** *Un tiroir :*
   **a.** une partie de la rue réservée aux piétons
   **b.** une région rurale
   **c.** une partie d'un meuble

**5.** *Signer :*
   **a.** faire le signe de croix à l'église
   **b.** mettre son nom (sa signature) sur un document
   **c.** indiquer

**Voici les mots correspondant aux définitions que vous avez écartées. Retrouvez-les!**

*Dépotoir* : ...................................................................................

*Nicher* : ...................................................................................

*Combinaison* : ...................................................................................

*Dépôt* : ...................................................................................

*Faire des niches* : ...................................................................................

*Signaler* : ...................................................................................

*Trottoir* : ...................................................................................

*Se signer* : ...................................................................................

*Terroir* : ...................................................................................

*Combine* : ...................................................................................

# À vos plumes, prêts, partez!

## Pas à pas

**1** L'enquête avance pour Grasset, mais piétine pour la police... Quels éléments vous semblent importants, et devront être développés?

☐ Grasset a prouvé son innocence

☐ On attend les résultats de l'autopsie

☐ Le fleuriste n'est pas venu

☐ Grasset décide d'agir seul

**Le caractère de Grasset s'est précisé depuis le premier chapitre... Analysez ses sentiments par rapport à sa vie privée et par rapport à l'enquête.**

## Suspense

**2** **Le fleuriste n'est pas venu. Pourquoi? Imaginez et racontez :**

◆ *En fait, il est venu, il a sonné, mais personne n'a répondu* .........
......................................................................................................

◆ *Il est venu, il a vu quelque chose, et il s'est sauvé* .......................
......................................................................................................

◆ *Ou alors?* ...................................................................................
......................................................................................................

## Détente

**3** Derrière ces deux charades se cachent
deux acteurs français qui ont souvent
joué ensemble dans des films noirs.

1. Mon premier est la première lettre
   de l'alphabet
   Mon deuxième est un tissu naturel qui se froisse
   Mon troisième est une préposition
   Mon quatrième n'est pas court

   **Mon tout est** ....................................................................

2. Sans mon premier, le monde serait vide
   Mon deuxième recouvre le corps
   Mon troisième est un article
   Mon quatrième, toutes les femmes voudraient l'être
   Mon cinquième est à moi
   Personne ne peut voir son sixième

   **Mon tout est** ....................................................................

# Chapitre 6
## Le fleuriste

*L*E LENDEMAIN matin, après une nuit agitée, Grasset se lève. Il se sent tout drôle de se retrouver seul. Sa femme était toujours là, toujours présente, patiente. Combien de fois elle l'a attendu, devant la table mise? Combien de fois elle a passé des nuits blanches[1], angoissée, parce qu'elle savait qu'il menait une enquête risquée? C'est lui qui a choisi un métier difficile, dangereux, et c'est elle qui est morte...

Toutes ces pensées ont agité sa nuit, l'empêchant de trouver le sommeil; pendant des heures, il s'est retourné dans son lit; puis il s'est levé, il est allé devant la porte du bureau, et il n'a pas eu le courage de la pousser.

À quatre heures du matin, quand il venait de s'assoupir, le

---

1.  **les nuits blanches** : nuits pendant lesquelles on ne dort pas.

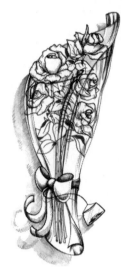

camion des éboueurs [1] l'a réveillé. Alors il s'est levé pour faire du café.

À sept heures et demie, il est déjà dehors. Quelques commerçants ont déjà ouvert leur boutique : la boulangère, le marchand de journaux. Le fleuriste aussi est déjà là, en train de décharger sa camionnette, avec son commis [2]. De l'autre côté de la rue, Grasset l'observe. Il revient sans doute de Rungis [3]. Malgré le froid piquant, il ne porte qu'un gilet. La cigarette à la bouche, il s'active [4] en donnant des ordres. Sait-il quelque chose? Grasset, qui était resté posté derrière le kiosque pour l'observer, se dit que c'est impossible, qu'il connaît ce commerçant depuis toujours... Il va rentrer chez lui. Il laissera Vignot s'occuper de l'enquête.

«Commissaire!»

 Il tourne la tête. Le fleuriste vient vers lui en courant.

«Commissaire... Je suis vraiment désolé, pour votre femme... Quand je pense que c'était votre anniversaire de mariage! Je vous jure, je n'en ai pas dormi de la nuit...»

Le commissaire est embarrassé; il a horreur des condoléances, il ne sait que dire...

«J'ai eu un choc, quand je suis venu pour apporter les roses, hier, à deux heures, et que j'ai su... Je vais vous les rembourser...»

---

1. **les éboueurs** : les employés chargés du ramassage des ordures.
2. **un commis** : employé dans une maison de commerce.
3. **Rungis** : grand marché de produits alimentaires, qui se trouve aux portes de Paris.
4. **il s'active** : il s'affaire, il s'empresse.

Le commissaire se secoue.

«Ça ne fait rien... Je vous remercie. Excusez-moi...»

Et il s'éloigne. C'est sûr, cet homme n'est pour rien dans cette histoire. Mais alors, qui?

Chez lui, il tire le rideau du salon, et observe la rue. Il voit la boutique du fleuriste... Ses mots lui reviennent en mémoire : «je suis venu chez vous vers deux heures...» Et pourtant, Grasset se rappelle lui avoir demandé de livrer les fleurs vers midi! Un pressentiment, une intuition le retiennent là, derrière ce rideau. Pourquoi le fleuriste est-il venu si tard? Sait-il quelque chose?

Dehors, les premières clientes arrivent. Elles s'arrêtent devant la vitrine, elles se penchent [1] pour regarder les plantes. Certaines entrent. Le commerçant est aimable et souriant avec tout le monde. Les affaires apparemment marchent bien. Deux jeunes gens entrent; ils en ressortent peu après, un bouquet de fleurs à la main. Tout est normal, désespérément normal...

Tout à coup, Grasset a une révélation. Mais non, ce n'est pas normal. Il se passe quelque chose dans cette boutique! Quelque chose de bizarre, de grave. Il reste encore là, des heures durant. Cette fois il en est sûr, le fleuriste cache quelque chose...

---

1.  **elles se penchent** : elles s'inclinent en avant.

# À vos baladeurs

**Écoutez bien, et complétez :**

«Commissaire!»

Il ............... la tête. Le fleuriste vient vers ............... en courant.

«Commissaire... Je suis ................, pour votre femme. Quand je pense que c'était votre ...............! Je vous jure, je n'en ............... dormi de la nuit...»

Le commissaire est embarrassé; il ................ des condoléances, il ............... que dire...

«J'ai eu un choc, quand je suis venu pour apporter les roses, hier, ..............., et que j'ai su... Je ............... vous les rembourser...»

Le commissaire se secoue.

«Ça ............... Je vous ................ Excusez-moi...»

Et il s'éloigne. C'est sûr, cet homme n'est pour rien dans cette histoire. Mais alors, qui?

# Entre les lignes

**1** **Choisissez les affirmations exactes :**

1. Grasset
   - ☐ a très bien dormi
   - ☐ a eu une nuit très agitée
   - ☐ a fait de beaux rêves

2. Il a mal dormi à cause
   - ☐ de ses pensées
   - ☐ des bruits de la rue
   - ☐ des voisins qui faisaient la fête

3. Ce matin, il est sorti de chez lui
   - ☐ avant 8 heures
   - ☐ avant 6 heures
   - ☐ à 9 heures

**4.** Quand il sort
- ☐ tous les commerçants ont déjà ouvert leur boutique
- ☐ les boutiques sont fermées
- ☐ quelques boutiques seulement sont ouvertes

**5.** Le fleuriste
- ☐ est assis devant la porte du magasin
- ☐ est en train de décharger sa camionnette
- ☐ prend un café au bar du coin

**6.** Grasset
- ☐ observe le fleuriste de loin
- ☐ appelle le fleuriste
- ☐ achète un journal et rentre chez lui

**7.** Le fleuriste dit
- ☐ qu'il a apporté les roses vers deux heures
- ☐ qu'il est désolé
- ☐ qu'il a appris la nouvelle par les journaux

**8.** En observant le magasin, Grasset voit que
- ☐ il n'y a pas beaucoup de clients
- ☐ les gens regardent la vitrine, mais n'entrent pas
- ☐ les affaires marchent bien

**9.** Grasset observe le magasin
- ☐ toute la matinée
- ☐ pendant une heure
- ☐ pendant quelques minutes

## Le stylo capricieux

**2** **Décidément, Julien devrait acheter un autre stylo! Complétez son résumé.**

Pendant toute la nuit, Grasset ............... Il repense à sa femme, aux nuits ............... Il se lève très tôt, pour ............... Dehors, les commerçants ont ouvert .............. Grasset observe surtout ............... qui, devant son magasin, ................ Grasset décide de partir, quand le fleuriste ............... En rentrant chez lui, Grasset réalise que le fleuriste ............... Il décide alors de l'observer. Il reste ................ pendant ............... À la fin, il est sûr que ...............

## S.O.S. grammaire

### Les gallicismes

> *Il venait de s'assoupir*
> *Il va rentrer chez lui*
> *Il est en train de décharger sa camionnette*

- **Passé récent : VENIR DE + INFINITIF**

On utilise cette forme pour une action très proche, qui a eu lieu très récemment :

*Le docteur n'est pas là, il vient de sortir.*

- **Futur proche : ALLER + INFINITIF**

Même si cette forme s'appelle **futur proche**, on l'emploie très souvent en français, à la place du futur, pour indiquer une action proche, mais aussi éloignée :

*Le docteur ne peut pas vous recevoir, il va sortir.*
*L'été prochain, je vais faire un séjour aux États-Unis.*

- **Présent continu : ÊTRE EN TRAIN DE + INFINITIF**

Cette forme est utilisée pour une action présente, qui se prolonge :

*Le docteur ne peut pas vous répondre, il est en train d'examiner un malade.*

- Dans ces trois formes, les verbes **venir**, **aller**, **être** peuvent être conjugués à l'imparfait pour les récits au passé :

*Je venais de sortir quand tu es entré*
*J'allais sortir quand tu m'as appelé*
*J'étais en train de travailler quand tu m'as appelé*

## Maintenant, à vous de jouer!

**1** Remplacez le verbe entre parenthèses par un gallicisme :

1. Ne me dérange pas, je (*travaille*) ................!

2. Tu as encore faim? Mais si tu (*as mangé*) ................ un poulet entier!

3. Je ne sais pas exactement ce que (*je ferai*) ................ ce soir : (*j'irai*) ................ au ciné ou au théâtre.

4. Quand mon mari (*fait*) ................ du bricolage, on ne peut rien lui demander!

5. Éteins le four, ou le rôti (*brûlera*) ................!

6. Ce n'est pas parce que tu (*as eu*) ................ ton examen que tu ne dois plus rien faire!

**2** Dans le dialogue suivant, remplacez les passages entre parenthèses par un gallicisme :

*J'(étais sur le point de sortir) quand il est arrivé /*
*J'allais sortir quand il est arrivé*

«Quelle aventure! Si tu savais ce qui (m'est arrivé il y a une heure) ................!
– Raconte! Tu as l'air bouleversée!
– Je (m'étais couchée depuis quelques minutes) ................, quand j'ai entendu une explosion...
– Mais tu dormais déjà?
– Non, (je lisais) ................!
– Et alors, qu'est-ce que tu as fait?
– J'ai eu très peur, je suis sortie de ma chambre, et (j'étais sur le point de descendre) ................ l'escalier quand j'ai vu des flammes!
– Et alors?
– Je suis retournée dans ma chambre.
– Et alors?
– J'ai ouvert la fenêtre... Heureusement les pompiers (arrivaient) ................!

– Et alors?
– J'ai sauté!
– Et maintenant, qu'est-ce que tu (feras) ................................?
– Je (m'installe immédiatement) ................................ chez toi!
– Ben alors!»

# Des mots, toujours des mots...

## Lexique oh!

**1** **Retrouvez dans le chapitre les noms de métiers, et essayez de les définir :**

*Le fleuriste vend des fleurs*

Le commis ......................................................................

L'éboueur ......................................................................

La boulangère ..............................................................

Le marchand de journaux ..........................................

**Qui vend quoi? Unissez les commerçants à la marchandise qu'ils vendent :**

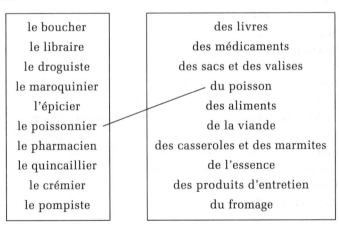

| | |
|---|---|
| le boucher | des livres |
| le libraire | des médicaments |
| le droguiste | des sacs et des valises |
| le maroquinier | du poisson |
| l'épicier | des aliments |
| le poissonnier | de la viande |
| le pharmacien | des casseroles et des marmites |
| le quincaillier | de l'essence |
| le crémier | des produits d'entretien |
| le pompiste | du fromage |

## Façons de dire

**2** «Grasset passe une nuit blanche...» De nombreuses expressions contiennent des adjectifs de couleur. En voici quelques-unes.

*Avoir des idées noires*
*Voir la vie en rose*
*Être fleur bleue (être très sentimental)*
*Voir rouge (se mettre en colère)*
*Rire jaune (rire de mauvais gré)*
*En voir de toutes les couleurs*

**Complétez ces brefs dialogues en inventant une petite histoire :**

– Hier, j'en ai vu de toutes les couleurs!
– Qu'est-ce qui t'est arrivé?
– *Figure-toi que* ................................................................

– Ce garçon m'énerve! Il est trop fleur bleue!
– Pourquoi? C'est bien, un garçon sentimental! Qu'est-ce qu'il fait?
– *Eh bien! Il n'arrête pas de* ..........................................

– Toi, avec tes idées noires, je ne te supporte plus!
– Moi, j'ai des idées noires? Lesquelles?
– *Tu es toujours triste* ....................................................

# À vos plumes, prêts, partez!

## Pas à pas

**1** Au début du chapitre, Grasset apparaît désemparé, perdu : pourquoi? Grasset a passé une nuit blanche... Il a sûrement fait des cauchemars. Imaginez un cauchemar possible.

## Suspense

**2** Qu'est-ce que Grasset a bien pu remarquer dans le magasin du fleuriste? Imaginez et racontez...

◆ *Des clients entrent, mais ne ressortent pas* ....................................
....................................................................................................

◆ *Des clients entrent, mais ressortent tous les mains vides* .............
....................................................................................................

◆ *Ou alors?* ...................................................................................
....................................................................................................

## Détente

**3** Le bouquet mystérieux : des fleurs se cachent dans cette grille... Retrouvez-les. Les lettres inutilisées vous donneront le nom de trois grands ennemis des fleurs...

ARUM     IRIS     MUGUET     TULIPE     ASTER     LILAS
ŒILLET     YUCCA     COUCOU     LISERON     PENSÉE
CROCUS     LOTUS     ROSE     GLAÏEUL     LYS     SOUCI

| A | L | T | U | L | I | P | E | E | O |
|---|---|---|---|---|---|---|---|---|---|
| S | R | G | L | A | Ï | E | U | L | E |
| T | F | U | C | O | S | O | U | C | I |
| E | R | C | M | R | T | O | I | D | L |
| R | U | C | R | O | C | U | S | I | L |
| Y | P | E | N | S | E | E | S | L | E |
| A | S | G | R | E | E | E | L | E | T |
| L | I | L | A | S | R | L | A | N | E |
| I | R | Y | C | O | U | C | O | U | G |
| E | I | S | N | M | U | G | U | E | T |

# Chapitre 7
## Un trafic louche[1]

*D*EPUIS qu'il surveille le magasin, Grasset a vu au moins une trentaine de clients s'arrêter et entrer. Parmi eux, une dizaine est ressortie... le même bouquet à la main. C'étaient des jeunes, certains portaient des jeans rapiécés[2], il y avait des filles, mais aussi des hommes en complet veston... Mais ils avaient tous la même manière plutôt étrange de porter leur bouquet : en général, quand on achète des fleurs, on les porte délicatement, avec précaution. Eux, non... Grasset soupçonne quelque chose... Mais qu'est-ce qui peut bien se cacher dans ces bouquets?

Il irait bien en acheter un... mais c'est impossible, le fleuriste

1. **louche** : suspect, bizarre.
2. **rapiécés** : réparés avec des pièces.

aurait la puce à l'oreille [1].
Alors, Grasset prend sa
décision : ce soir, il va
reprendre du service. Il va
filer [2] le fleuriste!

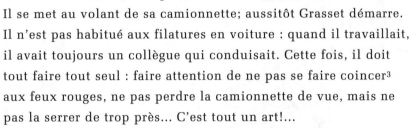

À six heures du soir, il est
dehors. Il a sorti sa voiture
du garage. Il attend.

Le fleuriste baisse le
rideau de fer de sa boutique.
Il se met au volant de sa camionnette; aussitôt Grasset démarre.
Il n'est pas habitué aux filatures en voiture : quand il travaillait,
il avait toujours un collègue qui conduisait. Cette fois, il doit
tout faire tout seul : faire attention de ne pas se faire coincer[3]
aux feux rouges, ne pas perdre la camionnette de vue, mais ne
pas la serrer de trop près... C'est tout un art!...

Ils sont maintenant sortis de Paris, ils ont pris le
périphérique. La camionnette met son clignotant à droite;
Grasset en fait autant. Les voilà sur une petite route, où peu de
voitures passent. Il faut tenir les distances, s'il ne veut pas être
repéré [4].

La camionnette ralentit. Grasset s'arrête et éteint ses phares. Il
entend une portière claquer. Le fleuriste a dû descendre. Grasset
sort de sa voiture et avance à pied. Il fait nuit noire, une nuit
glaciale. Il avance prudemment, essayant de percer l'obscurité. Il
est maintenant à la hauteur de la camionnette. Il aperçoit une

1.  **avoir la puce à l'oreille** : se méfier, se douter de quelque chose.
2.  **filer** : suivre quelqu'un sans se faire voir.
3.  **se faire coincer** : se faire bloquer.
4.  **repéré** : découvert, remarqué.

faible lumière sur sa gauche. C'est un vieux bâtiment, une sorte d'entrepôt[1].

Il s'arrête juste sous la fenêtre. Il doit absolument voir ce qui se passe à l'intérieur. Lentement, il se relève. C'est bien ce qu'il soupçonnait : sur une table, un sac rempli de poudre blanche, une petite balance. Autour de la table, trois hommes, le fleuriste et deux inconnus, sont en train de préparer des doses de drogue. Ils pèsent un peu de poudre blanche, en mettent une dose infime dans de petits sachets. Ils travaillent en silence.

Grasset est abasourdi. Le fleuriste, son voisin, qu'il croyait si bien connaître, qu'il salue tous les matins, est un trafiquant de drogue! Il commence à comprendre. Il se sert de sa boutique pour écouler la poudre[2]. Mais comment s'y prend-il?

Que faire? Tout seul, Grasset ne peut rien tenter. Il décide donc de rentrer à Paris, d'avertir Vignot. Mais tout à coup, il pousse un cri de douleur et il tombe par terre, sans connaissance.

---

1. **un entrepôt** : lieu où l'on dépose pour un temps limité de la marchandise.
2. **écouler la poudre** : passer la poudre.

# À vos baladeurs

**Corrigez, si c'est nécessaire :**

Il est maintenant juste sous la fenêtre. Il doit absolument voir ce qui s'est passé à l'intérieur. Rapidement, il se lève. C'est bien ce qu'il soupçonne : sur une table, un sac rempli de poudre blanche, une petite balance. Autour de la table, quatre hommes, le fleuriste et des inconnus, sont en train de préparer des doses de drogue. Ils pèsent un peu de poudre blanche, en mettent une dose infime dans deux petits sachets... Il travaille en silence.

Grasset est abasourdi. Le fleuriste, son voisin, qu'il croyait si bien connaître, qui le salue tous les matins, est un trafiquant de drogue! Il commence à comprendre. Il s'est servi de sa boutique pour écouler la poudre. Mais comment s'y prend-il?

Que faire? Tout seul, Grasset ne peut rien tenter. Il décidait donc de rentrer à Paris, avertir Vignot. Mais tout d'un coup, il pousse un cri de douleur et il tombe à terre, sans connaissance.

# Entre les lignes

## Vrai ou faux

**1** Cochez la bonne case :

|  | Vrai | Faux |
|---|---|---|
| 1. Grasset a remarqué que certains clients portent leur bouquet de façon étrange | ☐ | ☐ |
| 2. Grasset va acheter un bouquet de fleurs chez le fleuriste | ☐ | ☐ |
| 3. Il décide de suivre le fleuriste | ☐ | ☐ |
| 4. Il est habitué aux filatures en voiture | ☐ | ☐ |
| 5. Le fleuriste a une voiture de sport | ☐ | ☐ |
| 6. Le fleuriste sort de Paris | ☐ | ☐ |

7. Il s'arrête au bord d'une grande route ☐ ☐
8. Il fait nuit noire et on ne voit rien ☐ ☐
9. Le fleuriste est tout seul dans un entrepôt ☐ ☐
10. Il prépare des doses de drogue avec des complices ☐ ☐
11. En tout, il y a quatre hommes dans la salle ☐ ☐
12. Grasset veut aller avertir Vignot ☐ ☐

## La page déchirée

**2** **Il manque une page au livre de Julien... Mais il veut connaître la suite de l'histoire. Répondez à ses questions :**

◆ Alors, qu'est-ce que Grasset a remarqué?
..............................................................................................

◆ Il va interroger le fleuriste?
..............................................................................................

◆ Alors, qu'est-ce qu'il décide de faire?
..............................................................................................

◆ Et il arrive à suivre le fleuriste?
..............................................................................................

◆ Qu'est-ce qu'il découvre?
..............................................................................................

◆ Il arrête les bandits?
..............................................................................................

## S.O.S. grammaire

### La forme négative

> *Il **ne** mange **pas***
> Sujet + **ne** +verbe + **pas**

◆ Quand le verbe est à un temps composé :

> Sujet + **ne** + auxiliaire + **pas** + participe passé
> *Il **n'**a **pas** mangé  –  Il **n'**était **pas** venu*

◆ L'infinitif négatif :

> **ne pas** + verbe
> *pour **ne pas** grossir, tu **ne** dois **pas** manger*

◆ À la place de **pas**, on peut trouver d'autres adverbes ou pronoms de négation :

> **plus, rien, jamais**
> *Il **ne** lit **jamais** – je **ne** veux **rien** – je **ne** t'aime **plus***

## À vous de jouer!

**1** Recherchez tous les verbes à la forme négative dans le chapitre, et soulignez-les.

## Le texte fou

**2** Voici quelques conseils pour une silhouette parfaite! Corrigez les nombreuses erreurs sur la négation.

Quand l'été arrive, tout le monde a envie de perdre quelques kilos! Cet hiver, vous avez travaillé, vous n'avez fait attention pas à ce que vous avez mangé, vous n'avez fait jamais de gymnastique, vous avez pas beaucoup marché... et vers le mois de mai, quel désastre! Vous ne pouvez pas plus mettre votre maillot de bain. Mes amis, ne pas vous affolez! En suivant quelques règles très simples, vous retrouverez votre silhouette de 20 ans.

Ne prenez pas plus votre voiture! Laissez-la au garage, et marchez!

Ne pas restez devant la télé, dans un fauteuil. Faites du jogging!

Et naturellement, pour ne grossir pas, pour maigrir, il faut pas manger de sucre, de viande, de gâteaux, d'huile, de pâtes!

Evidemment, vous vous sentirez un peu faibles, vous n'aurez pas plus de forces, vous risquez de tomber malades... Mais vous serez minces!

## La poupée qui dit non

**3** C'était le titre d'une célèbre chanson des années 60... Un dragueur tente sa chance auprès d'une jolie «poupée», mais elle répond toujours à la forme négative.

*Bonjour Mademoiselle... Je peux m'asseoir?*
*Non, vous ne pouvez pas vous asseoir.*

1. Alors, vous avez peut-être envie de danser?
   ...............................................................................

2. Si je vous offrais quelque chose? Un jus de fruit?
   ...............................................................................

3. Je crois que je vous ai déjà rencontrée...
   ...............................................................................

4. Je suis sûr que nous allons devenir bons copains, tous les deux...
   ...............................................................................

5. Vous avez un joli bracelet. C'est de l'or?
   ...............................................................................

6. J'ai l'impression de vous ennuyer. Je peux encore vous tenir compagnie?
   ...............................................................................

7. Bon... ben alors... au revoir... Dommage... On aurait pu s'entendre!...
   ...............................................................................

# Des mots, toujours des mots...

## Lexique oh!

**1** Recherchez dans le texte les termes appartenant au champ lexical de la voiture et de la circulation

| substantifs | *voiture, garage ...* |
|---|---|
| verbes | *conduire ...* |
| adjectifs | *rouges ...* |

En utilisant les termes que vous avez trouvés, dérivez l'accident entre la voiture A et la voiture B, en vous inspirant du dessin ci-dessous.

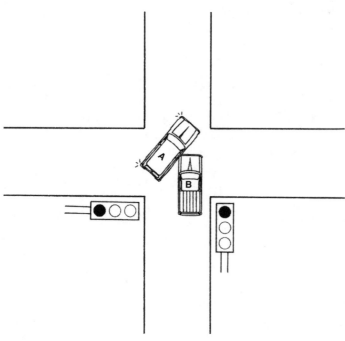

## Vous avez tout compris?

**2** Choisissez la bonne définition :

1. *Un jean rapiécé* :
   a. un vieux jean avec des pièces
   b. un costume en jean
   c. un jean court

2. *Il file le fleuriste* :
   a. il le laisse partir
   b. il le suit
   c. il l'attache à un arbre

3. *Il ne doit pas se faire coincer* :
   a. il ne doit pas se faire attraper
   b. il ne doit pas tourner au coin de la rue
   c. il doit s'arrêter au coin

4. *Le fleuriste a dû descendre* :
   a. il vient de descendre
   b. il est certainement descendu
   c. il va peut-être descendre

5. *Il écoule de la poudre* :
   a. il construit des sabliers
   b. il revend de la drogue
   c. il fabrique des aspirateurs

## Façons de dire...

**3** «La puce à l'oreille» n'est pas la seule expression
idiomatique contenant un nom d'animal.
En voici quelques-unes, associez-les à leur sens :

| |
|---|
| prendre la mouche |
| mettre la puce à l'oreille |
| passer du coq à l'âne |
| avoir un chat dans la gorge |
| avaler des couleuvres |
| secouer les puces à quelqu'un |
| marcher à pas de loup |

| |
|---|
| passer d'une chose à l'autre |
| se mettre en colère |
| être obligé de supporter des |
| choses désagréables |
| avancer sans faire de bruit |
| faire naître des soupçons |
| faire des reproches |
| parler avec une voix un peu rauque |

# À vos plumes, prêts, partez!

## Pas à pas

**1** L'enquête se précipite : quel
personnage prend de l'importance?
Pourquoi?
Grasset passe à l'action, mais on
voit qu'il n'est plus très jeune...
Relevez les détails qui montrent
qu'il est un peu maladroit.

## Suspense

**2** Grasset tombe par terre, évanoui. Que va-t-il se passer? Imaginez et
racontez.

◆ *Les bandits l'enferment dans un placard* ...................................
........................................................................................

♦ *Ils le laissent par terre, dehors, où il fait très froid* ........................

........................................................................................................

♦ *Ou alors?* ..........................................................................................

........................................................................................................

## Détente

**3** Ces mots croisés cachent... le nom de nombreux moyens de transport.

1. À 14 ans, tous les jeunes en veulent un.
2. Le Concorde est le plus prestigieux.
3. Avant, il n'y avait pas d'autre moyen pour traverser l'océan.
4. Il sert à passer d'une rive à l'autre d'un fleuve, quand il n'y a pas de pont.
5. Beaucoup de moyens de transport en ont.
6. Pour aller sur la lune.
7. Quand il n'y a pas de vent, ce bateau n'avance pas.
8. Pour voler comme les oiseaux, il en faut.
9. Adjectif possessif.
10. Coutumes.
11. Pronom réfléchi.
12. Normes Françaises.
13. Moyen de transport pour aller d'une ville à une autre.
14. C'est le contraire de lentement.
15. Pour unir.

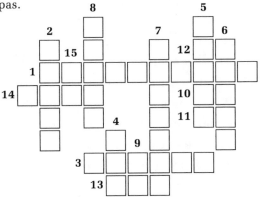

# Chapitre 8
## Pris au piège

**G**RASSET n'avait pas vu qu'un quatrième homme était de garde, dehors. Quand il reprend ses esprits, il ressent une douleur terrible à la tête. Décidément, ces bandits n'y vont pas de main morte[1]! Il ouvre les yeux, il voudrait se frotter la nuque, là où il a si mal... C'est impossible : il est par terre, pieds et poings liés. Les trois bandits le regardent. C'est le fleuriste qui parle le premier.

«Alors commissaire, je croyais que vous étiez à la retraite...

– C'est vous! Pourquoi avez-vous tué ma femme?

– Votre femme, c'était un accident, commissaire... Mais vous, pourquoi m'avez-vous suivi? Je suis désolé, je vous trouvais bien sympathique...

– Qu'est-ce que vous allez faire? Vous êtes fou! On vous

---

1. **n'y vont pas de main morte** : frappe rudement.

prendra : mes collègues vont me chercher! Ils vous trouveront.»

Le fleuriste a arrêté de préparer les doses. Il s'approche de Grasset, qui se débat, qui essaie désespérément de se libérer de ses liens.

«On vous cherchera, commissaire, et on vous trouvera. Mais trop tard. Vous n'allez pas supporter votre chagrin. Un suicide, commissaire. Il ne vous reste rien d'autre à faire que vous suicider. Vous allez vous pendre, commissaire...»

Les hommes ont terminé leur travail. Ils lui détachent les pieds. «Allez, debout! Et ne faites pas le malin!»

Un bandit pointe un revolver contre lui. Deux hommes montent dans la camionnette. Le fleuriste indique à Grasset sa voiture.

«Montez, commissaire. Mais cette fois-ci c'est moi qui conduis. On va trouver une belle forêt, un bel arbre, pas ici, personne ne doit savoir que vous êtes venu ici cette nuit!»

La camionnette est partie la première. Derrière, dans la voiture, Grasset tremble de peur. Ces hommes sont déterminés, sa dernière heure est venue. Il a découvert trop de choses : un trafic de drogue, une organisation impeccable. Mais sa femme... Pourquoi?

Ils parcourent plusieurs kilomètres. Ils sont maintenant à l'entrée d'un chemin de campagne. La camionnette s'est arrêtée. La voiture continue, encore quelques centaines de mètres.

Le fleuriste s'arrête.

«Là, c'est parfait! Et il commence à neiger! Décidément, on a de la chance! On ne devra même pas effacer les traces de pas!»

Le deuxième homme pousse Grasset hors de la voiture. Il a une corde, il fait un nœud coulant[1].

«Allez commissaire. Je suis désolé. Vous auriez mieux fait de profiter de votre retraite, de lire des livres, d'aller à la pêche...»

Le commissaire s'avance. Il est résigné, il sait qu'il ne s'en tirera pas. C'est vrai, il aurait mieux fait de profiter de sa retraite. Il a cherché tous ces ennuis. S'il n'avait pas été intrigué par ce billet. S'il n'avait pas voulu jouer les Sherlock Holmes... Sa femme serait encore vivante... Et lui... lui aussi... Ils auraient pu voyager, partir.

«Mais ma femme! Pourquoi l'avez-vous tuée? Dites-le moi, au moins!

– Maintenant ça n'a plus d'importance, commissaire. Elle n'a pas souffert. Elle ne s'est rendu compte de rien.»

Ils sont au pied d'un arbre. Le fleuriste a un siège pliant, qu'il a pris dans le coffre de la voiture : un siège que Grasset emmenait avec lui, au cas où il aurait eu envie d'aller à la pêche, au printemps. Il l'a mis sous l'arbre. Il a noué la corde autour d'une grosse branche.

«Adieu, commissaire, je suis désolé!...»

---

1. **un nœud coulant** : nœud qui se serre ou se desserre sans dénouer.

# À vos baladeurs

**Corrigez si c'est nécessaire :**

«Votre femme, c'est un incident, commissaire... Mais vous, pourquoi m'avez-vous suivi? Je suis désolé, je vous trouve très sympathique...
– Qu'est-ce que vous allez faire? Vous êtes fou! On vous prendra : mes collègues me cherchent! Ils vous trouveront.»
Le fleuriste a arrêté de préparer les choses. Il s'approche de Grasset, qui se débat, qui essaie désespérément de se libérer de ses liens.
«On vous cherchera, commissaire, et on vous trouvera. Mais trop tard. Vous n'avez pas supporté votre chagrin. Un suicide, commissaire. Il ne vous reste rien d'autre à faire que de vous suicider. Vous allez comprendre, commissaire...»
Les hommes ont terminé leur travail. Ils lui détachent les mains. «Allez, debout! Et ne fais pas le malin!»
Un bandit pointe son revolver contre lui. Des hommes montent dans le camion. Le fleuriste indique à Grasset la voiture.

# Entre les lignes

**1** **Choisissez les affirmations exactes :**

1. Grasset a très mal à la tête parce que
   □ il est tombé par terre
   □ les bandits l'ont frappé
   □ il a la migraine
2. Il ne peut pas partir parce que
   □ il est attaché
   □ il n'a plus d'essence
   □ il fait trop froid dehors
3. Le fleuriste a décidé de
   □ garder Grasset prisonnier
   □ tuer Grasset
   □ laisser Grasset libre

**4.** La mort de Grasset devra passer pour
- ☐ un suicide
- ☐ un accident
- ☐ un meurtre

**5.** Le fleuriste va tuer Grasset
- ☐ dans l'entrepôt
- ☐ sur la route
- ☐ dans la forêt

**6.** Il neige et le fleuriste est content parce que
- ☐ il n'y aura aucune trace
- ☐ il va faire une bataille de boules de neige
- ☐ Grasset va mourir de froid

**7.** Grasset pense
- ☐ qu'il va pouvoir se sauver
- ☐ que quelqu'un va le sauver
- ☐ qu'il va mourir

**8.** Il regrette
- ☐ d'avoir voulu jouer au détective
- ☐ d'avoir été à la pêche
- ☐ de ne pas avoir mis ses gants


## Le stylo capricieux

**2** Cette fois-ci, le stylo de Julien s'arrête au beau milieu du résumé... Il n'y a plus d'encre! À vous de le compléter.

Quand Grasset reprend ses esprits, il ne peut pas bouger parce que ............... Il est prisonnier des ............... et il se trouve dans une vilaine situation : en effet sa mort passera pour ............... : on pensera que Grasset ............................... parce que ...........................

Le fleuriste noue la corde ...............................

## S.O.S. grammaire

### Les pronoms relatifs simples : qui, que, dont, où

*Il voudrait se frotter la nuque, **où** il a si mal.*
*C'est moi **qui** conduis.*

◆ **Qui** est le pronom relatif sujet :
   *La femme **qui** travaille.*

◆ **Que** est pronom relatif complément d'objet direct; on l'apostrophe devant une voyelle :
   *Le livre **que** j'ai écrit.*
   *Le livre **qu'**il a écrit.*

◆ **Dont** est pronom relatif complément de nom, de verbe ou d'adjectif :
   *La fille **dont** je suis amoureux.*

◆ **Où** est complément de lieu et de temps :
   *La ville **où** j'aimerais vivre.*
   *Le jour **où** je suis né.*

## À vous de jouer!

**1** Relisez le chapitre et relevez les pronoms relatifs; classez-les.

**2** Qui, que, dont, où? Complétez :

1. Le premier ............... aura fini l'exercice sera récompensé.
2. Parmi les filles et les garçons ............... elle a connus, c'est Paul ............... lui a laissé le meilleur souvenir.
3. J'ai perdu le contrôle de ma voiture, et je me suis réveillé à l'hôpital, c'est tout ce ............... je me souviens.
4. Les jours ............... il fait beau, tu devrais aller au travail à vélo.

5. Je n'ai jamais entendu la chanson ................ tu m'as parlé.

6. Tous ceux ................ disent aimer la nature devraient la respecter

7. Les enfants ................ elle a rencontrés pendant son voyage l'ont émue.

8. Elle a visité des pays ................ l'on ne mange pas toujours à sa faim.

**3** Reliez les propositions par un pronom relatif :

1. Il est né dans un village; dans ce village, il n'y a plus que 56 habitants.

......................................................................................................

2. J'ai acheté des livres; je n'ai pas eu le temps de les lire.

......................................................................................................

3. Il a rencontré une femme étrange; elle parlait toute seule en marchant.

......................................................................................................

4. Mes parents ont visité une maison; les pièces de cette maison sont très spacieuses.

......................................................................................................

5. Elle aimerait aller habiter dans un village; elle a passé ses vacances dans ce village.

......................................................................................................

## La chaîne

**4** Grâce aux pronoms relatifs, on peut faire des phrases très longues et originales

*ex : le professeur **qui** parle du même livre depuis l'année **où** il a été nommé dans ce collège **où** il a rencontré la collègue **qui** est devenue sa femme et **dont** je suis tombé amoureux a perdu le chapeau **que** sa mère lui avait offert etc.*

**Essayez de faire une phrase aussi longue! Attention : la grammaire doit être respectée!**

# Des mots, toujours des mots...

## Lexique oh!

**1** Retrouvez dans le chapitre tous les mots ayant un rapport avec la violence.

| substantifs | *douleur ...* |
|---|---|
| adjectifs | *terrible ...* |
| verbes | *tremble de peur ...* |

**2** Nous avons interviewé un psychologue, qui parle de la violence à la télé; complétez le texte avec les mots suivants :

> *danger, guerre, violentes, colorant, sorcières, cruelles, sang, animés, effraie, actualité, fiction, banale, mauvais, rassurants*

«Tout le monde trouve qu'il y a beaucoup d'images ............... à la télé. Qu'en pensez-vous?

– C'est vrai. Les films, les feuilletons, les dessins ..............., mais aussi et surtout l'............... nous proposent souvent des images trop ............... Aujourd'hui, on est habitué à la mort, au ............... qui coule, aux tortures, à l'horreur.

– Pensez-vous que cela soit ............... pour les enfants, comme on le dit?

– Vous savez, on a toujours fait peur aux enfants pour les distraire, et les enfants aiment ça : les méchantes ..............., les ogres des fables ne sont pas des personnages ............... Ces dernières années, il y a eu une escalade dans la représentation du mal, c'est vrai. Mais ce n'est pas cela qui m'............... le plus.

– Qu'est-ce que c'est alors?

– Le vrai ..............., pour les enfants comme pour les adultes, c'est qu'ils ne font plus la différence entre la réalité et la ............... : la ............... et un film d'aventures, c'est la même chose! Le sang des victimes réelles est comme la sauce tomate ou le ............... dont on barbouille les acteurs. On a de plus en plus de mal à faire la différence. La violence est devenue trop ..............., elle ne fait plus peur. Et ça, c'est vraiment très grave!»

## Les frères ennemis

**3** Retrouvez dans le chapitre les phrases exprimant le contraire des phrases suivantes :

*Vous surmonterez votre peine / Vous n'allez pas supporter votre chagrin.*

Ils sont indécis / ...............................................................................

Il tombe dans les pommes / ...............................................................

Je suis très heureux / ..........................................................................

Il est sûr de s'en sortir / ......................................................................

Ils lui attachent les pieds / .................................................................

Il détourne son arme / .........................................................................

Il ne s'avoue pas vaincu / ....................................................................

# À vos plumes, prêts, partez!

## Pas à pas

**1** Grasset se trouve dans une mauvaise posture, car le fleuriste a un plan diabolique : le tuer et faire croire à un suicide! Pourquoi a-t-il choisi la pendaison? Est-ce que vous pensez que c'est crédible? Pourquoi?

## Suspense

**2** Grasset est sur le point d'être pendu... Comment tout cela va-t-il se terminer? Imaginez et racontez :

- ◆ *Grasset est tué et tout le monde croira à un suicide* ......................
- ◆ *Grasset tente de s'enfuir dans les bois et* .....................................
- ◆ *Ou alors?* ..............................................................................

# Chapitre 9

## Tout est clair

**G**RASSET se débat, dans un ultime sursaut [1]; le fleuriste et son complice le soulèvent de force. Tout à coup, la forêt s'illumine, comme en plein jour.

«Police, que personne ne bouge!»

L'ordre a été si subit que les deux malfaiteurs n'ont pas le temps d'esquisser [2] un seul geste. Deux policiers les ont déjà maîtrisés [3].

Grasset pousse un cri :

«Vignot! Qu'est-ce que vous faites ici?!

— Bonne question, commissaire! Et vous? Vous êtes content de me voir, cette fois-ci?»

---

1. **un sursaut** : en général un mouvement brusque et involontaire.
2. **esquisser** : commencer, amorcer.
3. **maîtrisés** : contenus par force.

Vignot serre la main tremblante de Grasset, qui ne le lâche plus...

«Mais expliquez-moi... Comment avez-vous su?

– Je vous surveillais, commissaire... je savais bien que vous feriez quelque chose, que vous chercheriez l'assassin... Moi aussi, j'ai de l'intuition, quand je veux... Allez, tout le monde au poste, cette fois-ci, on va s'expliquer!...»

Au petit matin, en rentrant chez lui, Grasset repense à toutes les révélations de la nuit. Il sourit, à l'idée qu'il a attendu d'être à la retraite pour découvrir un immense trafic de drogue qui se déroulait depuis des mois sous son nez, sous sa fenêtre!...

Ainsi, le fleuriste avait tout avoué, tout expliqué. Oui, il avait organisé un trafic impeccable, sous le couvert de son magasin. Comme tous les fleuristes, il donne avec chaque bouquet un petit sachet contenant de la poudre blanche, une sorte d'engrais [1] à verser dans l'eau, pour faire tenir les fleurs plus longtemps. Lui, dans ces sachets, il écoulait de la drogue... Pour se faire reconnaître, ses clients «particuliers» n'avaient qu'à dire un mot de passe [2], une phrase conventionnelle. Ils payaient, et ils ressortaient avec un bouquet banal... mais surtout avec le sachet empoisonné.

«Mais ma femme? Pourquoi?» Grasset avait hurlé sa question, cette question à laquelle il cherchait une réponse depuis deux jours. Et cette fois, le fleuriste avait tout raconté...

1. **un engrais** : un produit qui fertilise le sol.
2. **un mot de passe** : un mot convenu pour qu'on les laisse passer.

Il était venu livrer le bouquet de roses, vers midi comme convenu. Elle admirait les fleurs, leur parfum; elle bavardait, elle avait commencé à enlever la cellophane qui les entourait... Elle avait pris le sachet... Et le fleuriste s'était aperçu qu'il lui avait donné non pas un sachet d'engrais, mais un sachet contenant la drogue!!! Elle, elle bavardait :

«Mais dites-moi, qu'est-ce qu'il y a dans ces sachets?

– Je ne sais pas, une sorte d'engrais...

– Mais c'est une poudre miracle! La dernière fois, mes roses ont tenu plus d'une semaine!  Moi qui adore avoir des fleurs à la maison... Si je savais ce que c'est, je pourrais en acheter...

– Je ne sais pas exactement... on dit que c'est une sorte d'aspirine...»

Madame Grasset s'était mise à rire :

«De l'aspirine pour les fleurs! Ce n'est pas possible! Tenez, je pourrais le faire analyser, pour savoir... Je suis sûre que si je demandais à mon mari, ses collègues du labo le feraient...»

Le fleuriste avait pâli. Le téléphone avait sonné dans le bureau. Elle était allée répondre. C'était Vignot qui appelait Grasset, pour le mystérieux billet. Le fleuriste l'avait suivie. Et dès qu'elle avait posé le combiné, il l'avait frappée avec un gros cendrier[1], une seule fois, sur la nuque...

Puis il avait repris ses roses, la cellophane, le sachet de poudre. Il était revenu vers deux heures, et il avait fait semblant de vouloir livrer les roses.

Après avoir écouté ces aveux, le commissaire, ému, avait serré très fort la main de Vignot.

«Merci, Vignot, et bonne chance... Je vous laisse ma place...

---

1.  **un cendrier** : petit récipient où l'on dépose la cendre de tabac.

sans regret... je ne pourrais plus jamais faire ce métier.»

Il était triste : sa femme était morte pour rien, pour quelques mots anodins[1]. Il voulait partir, être seul, enfin, avec son chagrin.

«Attendez, Monsieur Grasset! Ne partez pas! Je dois vous dire quelque chose... Votre femme... Elle vous attend!»

Grasset dévisage [2] Vignot avec stupeur :

«Quoi? Qu'est-ce que vous racontez? Vous êtes fou?

– Non, commissaire! Elle n'est pas morte! Elle était dans le coma. On a menti, pour l'enquête, et puis parce qu'on avait peur que l'assassin ne revienne. Elle est sortie du coma cette nuit. Elle va s'en sortir [3], commissaire! Elle vous attend! Venez, je vous accompagne à l'hôpital...»

1. **anodins** : sans importance.
2. **il dévisage** : il regarde avec insistance.
3. **s'en sortir** : être sauvé.

# À vos baladeurs

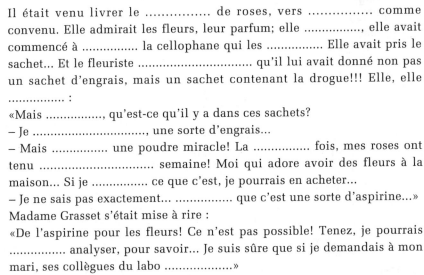

**Écoutez et complétez :**

Il était venu livrer le ............... de roses, vers ............... comme convenu. Elle admirait les fleurs, leur parfum; elle ..............., elle avait commencé à ............... la cellophane qui les ............... Elle avait pris le sachet... Et le fleuriste ............................. qu'il lui avait donné non pas un sachet d'engrais, mais un sachet contenant la drogue!!! Elle, elle ............... :

«Mais ..............., qu'est-ce qu'il y a dans ces sachets?

– Je ..........................., une sorte d'engrais...

– Mais ............... une poudre miracle! La ............... fois, mes roses ont tenu ............................. semaine! Moi qui adore avoir des fleurs à la maison... Si je ............... ce que c'est, je pourrais en acheter...

– Je ne sais pas exactement... ............... que c'est une sorte d'aspirine...»

Madame Grasset s'était mise à rire :

«De l'aspirine pour les fleurs! Ce n'est pas possible! Tenez, je pourrais ............... analyser, pour savoir... Je suis sûre que si je demandais à mon mari, ses collègues du labo ...................»

# Entre les lignes

**1** **Choisissez les affirmations exactes :**

1. Le commissaire va être pendu quand
   ☐ Vignot arrive seul
   ☐ la corde se casse
   ☐ Vignot arrive avec des policiers

2. Grasset tremble parce que
   ☐ il a eu très peur
   ☐ il fait très froid
   ☐ il est ému

3. Vignot surveillait Grasset parce que
   ☐ il le soupçonnait d'être un assassin
   ☐ il savait qu'il chercherait le coupable
   ☐ il avait peur qu'il se suicide

4. Le fleuriste
   ☐ a avoué son crime
   ☐ s'est enfui
   ☐ a tout nié

5. Il cachait la drogue
   ☐ dans la terre des plantes
   ☐ dans les petits sachets d'engrais
   ☐ dans les boutons de roses

6. Il a tué Mme Grasset parce que
   ☐ elle voulait faire analyser la poudre
   ☐ il voulait la voler
   ☐ il était jaloux

7. Il l'a tuée
   ☐ en l'assommant avec un cendrier
   ☐ d'un coup de poignard
   ☐ d'un coup de revolver

8. Grasset
   ☐ est heureux de ne plus faire ce métier
   ☐ aimerait bien reprendre du service
   ☐ décide de voyager

## La page déchirée

**2** **Il manque juste la dernière page du livre de Julien, qui est impatient de connaître la fin :**

♦ Alors, Grasset est mort?
.................................................................................

♦ Vignot? Mais qu'est-ce qu'il faisait dans ce bois?
.................................................................................

♦ Et le fleuriste? qu'est-ce qu'il a avoué?
.................................................................................

◆ Comment faisait-il pour écouler la drogue?

..................................................................................................

◆ Mais pourquoi a-t-il tué Mme Grasset?

..................................................................................................

◆ Et Grasset, qu'est-ce qu'il en dit? Il a envie de reprendre du service?

..................................................................................................

## S.O.S. grammaire

### L'accord du participe passé

*Elle était all**ée** répondre*
*Le fleuriste l'avait suiv**ie***
*Le fleuriste avait pâl**i***

Les règles d'accord du participe passé sont complexes. Nous ne vous donnons pour commencer que les règles essentielles :

◆ Avec l'auxiliaire **être**, le participe passé s'accorde avec le sujet :
*Marie est tomb**ée***
*Mes parents sont sort**is***

◆ Avec l'auxiliaire **avoir**, le participe passé s'accorde avec le complément d'objet direct, seulement si ce dernier se trouve avant le verbe :
*J'ai rencontr**é** mes amis*
*Je les ai rencontr**és***

◆ Avec les verbes réfléchis, le participe passé s'accorde avec le sujet :
*Elle s'est lav**ée**.*

Mais l'accord ne se fait plus si le verbe est suivi d'un complément d'objet direct :
*Elle s'est lav**é** les mains*

## À vous de jouer

**1** Relisez le chapitre et relevez les participes passés; expliquez pourquoi ils sont accordés ou non.

**2** La maîtresse a demandé à Julien de raconter son dimanche... Il a fait une jolie rédaction, mais... il est fâché avec les accords! Aidez-le!

Mes parents avaient décidés de nous emmener dans la forêt pour chercher des champignons. Papa nous avait dits de nous lever tôt. Avec mon frère, nous nous sommes levé à sept heures. Mais ma maman s'était levé encore plus tôt pour préparer le pique-nique. Nous avons pris notre petit déjeuner, et nous nous sommes lavés les dents. Papa avait dit de préparer des sacs pour mettre les champignons. Je les ai préparé avec mon frère; au moment de sortir, il y a eu un peu de panique parce que mon frère ne trouvait pas ses chaussures... nous les avons cherché et finalement c'est moi qui les ai trouvé : elles étaient cachées dans le four! Je ne sais vraiment pas qui les avait mis là! Finalement, à dix heures, nous étions tous prêts pour partir. Nous sommes montés dans la voiture... Mais papa avait oublié de mettre de l'essence. Alors, nous sommes remonté à la maison, et nous avons allumée la télé. Les dessins animés que nous avons regardés étaient terribles! Nous avons tous passés un chouette dimanche!

# Des mots, toujours des mots...

## Lexique oh!

**1** Relisez le chapitre et retrouvez les mots concernant la drogue :

| | |
|---|---|
| **substantifs** | *drogue...* |
| **adjectifs** | *mortelle...* |
| **verbes** | *écouler...* |

**2** Voici le texte du reportage du journaliste Marc Blanchot, de Canal 6. Complétez-le à l'aide des mots suivants :

> *stupéfiants, toxicomanes, succès, chiens, trafiquants, réseau,*
> *overdose, écoulaient, sacs, trafic, fléau, dealers*

«Mesdames, Mesdemoiselles, Messieurs, bonjour! La police des frontières vient de remporter un immense ................. dans la lutte contre ce ................. qu'est la drogue. En effet, elle vient de découvrir un immense ................. qui passait par la France. La drogue arrivait d'Amérique du Sud, et les ................. la dissimulaient dans des ................. de farine. Puis ils la revendaient à de petits ................. qui l'................. à leur tour sur tout le territoire. Cette prise a été possible grâce aux ................. de la brigade des .................

Tout le monde ici se réjouit de cette prise, et du démantèlement de ce ................. N'oublions pas que depuis le début de l'année, plus de cinquante ................. ont trouvé la mort à cause d'une ................. Tous avaient moins de 30 ans. Ici Marc Blanchot, de Canal 6. À vous l'antenne.»

## Vous avez tout compris?

**3** Que signifient les expressions suivantes dans ce dernier chapitre?

1. *Sous le couvert de son magasin* :
   a. en se servant de son magasin
   b. sous le toit de son magasin
   c. caché sous l'argenterie

2. *Un mot de passe* :
   a. un mot magique
   b. un mot que seuls les complices connaissent
   c. un mot étranger

3. *Faire tenir les fleurs longtemps* :
   a. les faire tenir bien droites
   b. permettre qu'elles restent belles
   c. les donner à quelqu'un

4. *Je vous laisse ma place* :
   a. je vous laisse ma chaise
   b. je vous laisse mon parking
   c. je vous laisse mon travail

# À vos plumes, prêts, partez!

## Pas à pas

**1** L'histoire finit sur un coup de théâtre : pourquoi?
Quels sont les sentiments contradictoires de Grasset?
La morale est sauve : pourquoi?

## Suspense

**2** Le suspense est fini... mais l'histoire aurait pu se terminer différemment. Imaginez et réécrivez le dernier chapitre!

◆ *Grasset est tué et le lendemain on retrouve son cadavre et* ...........

.......................................................................................

◆ *La corde pour pendre Grasset se casse et* .......................................

.......................................................................................

◆ *Ou alors?* ..............................................................

.......................................................................................

## Détente

**3** Le message codé
Voici un proverbe qui s'adapte parfaitement à notre histoire... si vous le découvrez! (vous devez d'abord deviner comment fonctionne le code!)

SNTS DRS AHDM PTH EHMHS AHDM !

TOUT ___ ____ ___ _____ ____ !

# Solution des jeux «détente»

## Chapitre 1

Les messages codés

Passe-moi ton cahier; le prof a un trou à son pantalon; donne-moi le résultat de l'exercice de math!

## Chapitre 2

| A | M | H | O | L | M | E | S |
|---|---|---|---|---|---|---|---|
| J | A | V | E | R | T | C | M |
| R | R | S | T | E | I | O | A |
| N | L | B | R | E | N | L | I |
| L | O | O | A | ■ | T | O | G |
| U | W | N | C | P | I | M | R |
| I | E | D | Y | N | N | B | E |
| M | A | R | P | L | E | O | T |

Le cambrioleur est Arsène Lupin

## Chapitre 3

Charade

Ascenseur pour l'échafaud
(A-SANG-SŒUR-POUR-LAID-CHAT-FAUX)

## Chapitre 4

Mots croisés

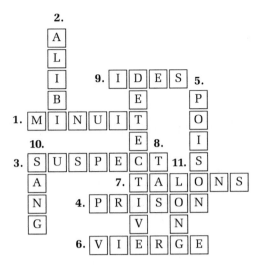

## Chapitre 5

Charades

1. Alain Delon (A-LIN-DE-LONG)

2. Jean-Paul Belmondo (GENS-PEAU-LE-BELLES-MON-DOS)

## Chapitre 6

Le bouquet mystérieux :

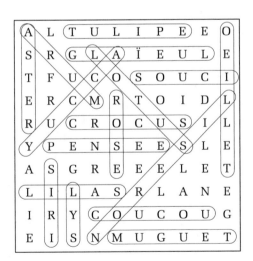

Les trois ennemis des fleurs
sont : le froid, la grêle
et la neige

## Chapitre 7

Mots croisés

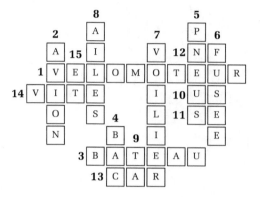

## Chapitre 9

Le message codé

Tout est bien qui finit bien!